UM HOMEM
SEM PROFISSÃO

OSWALD

Coordenação editorial
JORGE SCHWARTZ E GÊNESE ANDRADE

UM HOMEM SEM PROFISSÃO

Memórias e confissões
1890-1919
Sob as ordens de mamãe

ANDRADE

Prefácio inútil
ANTONIO CANDIDO

A última visita
JORGE SCHWARTZ

Lembrando Oswald de Andrade
ANTONIO CANDIDO

COMPANHIA DAS LETRAS

Copyright © 2019 by herdeiros de Oswald de Andrade

Grafia atualizada segundo o Acordo Ortográfico da Língua Portuguesa de 1990, que entrou em vigor no Brasil em 2009.

PESQUISA, REVISÃO E ESTABELECIMENTO DO TEXTO OSWALDIANO: Gênese Andrade
CRONOLOGIA: Orna Messer Levin
CAPA E PROJETO GRÁFICO: Elisa von Randow
FOTO DO AUTOR: Fotógrafo não identificado. *Oswald de Andrade*, década de 1940.
 Arquivo Público do Estado de São Paulo.
QUARTA CAPA: Nonê (Oswald de Andrade Filho). Capa da primeira edição de *Um homem sem profissão*. Rio de Janeiro: José Olympio, 1954. Reprodução de Renato Parada.
IMAGENS DAS PÁGINAS 173 E 175: Manuscrito de Antonio Candido
PREPARAÇÃO: Silvia Massimini Felix
REVISÃO: Huendel Viana e Clara Diament

Dados Internacionais de Catalogação na Publicação (CIP)
(Câmara Brasileira do Livro, SP, Brasil)

Andrade, Oswald de, 1890-1954
 Um homem sem profissão : memórias e confissões : 1890-1919 : sob as ordens de mamãe / Oswald de Andrade. — 1ª ed. — São Paulo : Companhia das Letras, 2019.
 Prefácio inútil — Lembrando Oswald de Andrade / Antonio Candido — A última visita / Jorge Schwartz

ISBN 978-85-359-3271-3

1. Andrade, Oswald de, 1890-1954 2. Andrade, Oswald de, 1890-1954 — Crítica e interpretação 3. Memórias autobiográficas I. Candido, Antonio. II. Schwartz, Jorge. III. Título.

19-28404   CDD-869.98503

Índice para catálogo sistemático:
1. Memórias : Século 20 : Literatura brasileira   869.98503

Cibele Maria Dias — Bibliotecária — CRB-8/9427

[2019]
Todos os direitos desta edição reservados à
EDITORA SCHWARCZ S.A.
Rua Bandeira Paulista, 702, cj. 32
04532-002 – São Paulo – SP
Telefone: (11) 3707-3500
www.companhiadasletras.com.br
www.blogdacompanhia.com.br
facebook.com/companhiadasletras
instagram.com/companhiadasletras
twitter.com/cialetras

SUMÁRIO

9 Prefácio inútil
Antonio Candido

15 **UM HOMEM SEM PROFISSÃO**

165 **NOTA SOBRE O ESTABELECIMENTO DE TEXTO**

FORTUNA CRÍTICA
169 A última visita
Jorge Schwartz
177 Lembrando Oswald de Andrade
Antonio Candido

185 Leituras recomendadas
186 Cronologia

PREFÁCIO INÚTIL

ANTONIO CANDIDO

UM ESCRITOR QUE FEZ DA VIDA romance e poesia, e fez do romance e da poesia um apêndice da vida, publica as suas memórias. Vida ou romance? Ambos, certamente, pois em Oswald de Andrade nunca estiveram separados, e a única maneira correta de entender a sua vida, a sua obra e estas *Memórias*, é considerá-las deste modo.

O gênero literário das recordações, diários, cartas — que se englobam na designação de "literatura pessoal" — quase sempre nos atrai pela promessa implícita de contato humano mais direto. Seja lídima revelação de uma personalidade, que apenas conjeturávamos através da ficção e da poesia, seja visão do mundo através de uma sensibilidade e inteligência que reputamos bem-postas para nos falar dele. No caso dos escritores, deve-se acrescentar a contribuição trazida para o entendimento da obra.

Estes motivos nem sempre estão isolados. Dificilmente se dirá o que mais prende nas memórias do cardeal de Retz: retrato do tempo ou conhecimento da pessoa. Nas do seu contemporâneo La Rochefoucauld, todavia, a personalidade do autor se afasta, deixando o palco livre para os acontecimentos. Nas de Rousseau, pelo contrário, o relevo histórico e social se apaga ante o homem, que transborda na confissão. E embora a *Vida de Henry Brulard* mostre alma sincera como nenhuma — traçada em confronto íntimo com os costumes e os tipos humanos —, a nossa curiosidade procura, a cada passo, colher indícios que permitam sentir, sob a retidão analítica de Beyle, a gênese da imaginação de Stendhal.

Nas presentes memórias de Oswald de Andrade, não se deve procurar autoanálise nem retrato do tempo. Nada, com efeito, menos próprio a nos dar conhecimento sistemático da sociedade ou do espírito. O autor não procura estabelecer o traçado coerente do próprio eu, buscando a lei da sua conduta na confluência do vivido e do acontecido. Nem tampouco ordenar as impressões relativas a fatos e pessoas num sistema frio de observação. Aqui, tudo se mistura; o eu e o mundo fundem-se num ritmo de impressão pessoal muito peculiar, em que se perde, por assim dizer, a independência de ambos.

Este livro delineia de vez o ser complexo e estranho que é Oswald de Andrade, desnudando a extrema singeleza (sem paradoxo) das suas componentes fundamentais. O menino que aqui vemos crescer na casa paterna vai descobrindo o mundo como todos os meninos; mas, diversamente deles, guarda pela vida afora, no seu equipamento psíquico, as técnicas iniciais com que o descobriu. Impulso, emoção, fantasia, simplismo, birras permanecem na textura do adulto, cuja formação presenciamos. "Compreender", no sentido de operação intelectual sobreposta aos dados da impressão, para deformá-los, é processo secundário na sua vida, pautada quase toda pelo desejo enorme de sentir, conforme às aspirações profundas. A compreensão, segue docilmente. O adolescente e o homem delineados aqui, são dos que dão pontapés na pedra em que toparam e não hesitariam em açoitar o Helesponto para enfrentar a decepção.

Por isso, as *Memórias* esclarecem a aventura lírica de Oswald de Andrade, gordo Quixote procurando conformar a realidade ao sonho. Daí a rebeldia dos que não aceitam a ordenação média dos atos pela sociedade, que criou em torno dele, como represália, a aura do maluco atirado contra tudo, contra todos. Visto de dentro, porém, como o vemos neste livro, é antes o menino inconsolável em face do mundo, onde não cresceu segundo a dimensão do imaginário. De um imaginário que fosse o modelo real das coisas.

O leitor verá, por exemplo, que os fatos e os homens aparecem, aqui, não como depoimentos ou estudos, mas como modos da sensibilidade. Os que se ajustaram, de um modo ou outro, às leis da sua imaginação (que é a sua integridade verdadeira), aparecem favoravelmente deformados, com acesso ao grêmio da sua benevolência. Os que de qualquer jeito foram de encontro a elas, são projetados segundo uma deformação correspondente e proporcional.

Daí o sabor peculiar a estas *Memórias*, onde as pessoas tornam-se personagens, imperceptivelmente, e, quando menos esperamos, o real se compõe segundo as tintas da fantasia. Daí, quem sabe, o relevo seguro com que se fixam em nós. A mãe, cuja voz cresce do fundo do sofá de palhinha, tem a verdade dos grandes personagens. A iniciação no erotismo infantil tem a propriedade mágica dos grandes trechos de poesia.

Não espanta, pois, que o leitor habituado aos seus romances vá pressentindo, nas pessoas *reais* que nos apresenta, a humanidade própria ao conde José Chelinini, a Mauro Glade, a Jaime d'Avelos, a Alma, a Pantico e suas irmãs, a Pinto Calçudo, a dona Lalá — aos personagens d'*Os condenados*, do *Miramar* e do *Serafim*, cuja atmosfera e cuja composição parecem frequentemente contínuas às destas *Memórias*. E aí vemos que elas esclarecem não apenas o homem Oswald de Andrade, mas também a sua obra. E ambas nos aparecem agora solidárias, inseparáveis.

No tocante a esta solidariedade da obra e da vida, bem como à soberania da impressão sobre a construção, enquanto técnica literária, vale notar, no presente volume, certa dualidade do autor em face das suas reminiscências. Na primeira parte, quando a pesquisa do passado vai encontrar o próprio nascedouro das emoções, percebemos um trabalho atento da inteligência, organizando os dados da memória num sistema evocativo mais inteiriço. À medida, porém, que vai passando à idade adulta, e o material evocado corresponde a uma fase de personalidade já constituída, a elaboração sistemática cede lugar à notação. O impressionismo se desenvolve, por vezes, de modo a superar a própria verossimilhança, fragmentando a realidade na poalha dos dados da sensibilidade e desta maneira dando acesso a um mundo tornado equivalente ao imaginário da ficção. Aqui, nada separa Oswald de Andrade dos seus personagens. Ele se torna o seu maior personagem, operando a fusão poética do real e do fantástico.

E assim compreendemos em que medida há nele a permanência da infância, que este volume nos mostra. A norma lhe aparece como limite, e a sua sensibilidade busca o ilimitado. O menino reponta no adulto como tendência constante de negar a norma; como fascinação pelo proibido. A prática do proibido é a possibilidade de evasão, de negação duma ordem de coisas que lhe é intolerável. Daí uma rebeldia que começa pelo uso das palavras proibidas, passa pelos juízos proibidos e vai até os graves pensamentos proibidos, com que orquestra a sua conduta de rebelde das letras e da vida.

Tudo isto ocorre, na verdade, porque este livro é feito sob o signo da devoração. Posto em face do mundo — da natureza, da sociedade, de cada homem —, os engloba e assimila à sua substância, a ponto de parecerem projeção do seu *eu*. A lei, a ordem, a coerência traçada pela convenção e sagrada pela tradição não correspondem sempre, para ele, aos ditames do que o homem traz em si de arcano; aos ditames de certas constantes, mais velhas para ele do que as normas, pois importam na possibilidade de revogar a norma em benefício da aventura.

Esta é uma das raízes da sua Antropofagia, a sua cosmovisão que assimila o mundo e os valores segundo um ritmo profundo, triturando-os, para que sobre, como bagaço, a peia do costume petrificador. Neste processo, o impressionismo corresponde à visão criadora, do indivíduo que reduz o mundo à sua medida. Não espanta, pois, que esta não sirva para a dimensão de outros, e os contunda por vezes. Mas o certo é que abre o mundo da fantasia, onde se unificam a sua obra e a sua vida como prolongamento, no adulto, do menino que não quis perecer.

Por isso, não procure aqui o leitor documento nem sistema, como os procuramos usualmente, mas poesia nascida da devoração do mundo por uma grande personalidade. *C'est ici, lecteur, un livre anthropophagique...*

São Paulo, maio de 1954

UM HOMEM SEM PROFISSÃO

À lembrança de meus antepassados
A meus descendentes

A MARIA ANTONIETA D'ALKMIN
o reencontro materno

ESTE LIVRO É UMA MATINADA. Apesar de ser o meu livro da orfandade. Em 1912, chegando de minha primeira viagem à Europa, e encontrando morta minha mãe, nos mudamos logo de moradia, eu e meu pai. Ao fechar o aposento dela, já com a casa vazia de móveis e pessoas, me ajoelhei para beijar o chão, no local onde mamãe falecera. Mas meu coração sorria para a vida. E assim foi durante largo período, até murcharem uma a uma as pétalas da esperança que a coragem, a idade e a saúde faziam vicejar.

Eram também outros os tempos. Basta um confronto entre a era familiar que nessa época começou a se decompor e a que a sucedeu, colocar frente a frente duas gerações da família — a dos meus pais, seus irmãos e cunhados e a dos primos, que foi a minha.

Durante infância e adolescência, vi um cuidado previdente zelar por cima de todas as cabeças da nossa gente e tutelá-las nas aflições e nas dores. Do lado de minha mãe, a família do Desembargador Marcos Antônio Rodrigues de Souza, meu avô materno, sofrera por sua morte uma única deserção, a de seu filho mais velho, José. Foi o único a protestar contra a distribuição dos bens organizada pelo velho que, tendo dado como patrimônio a ilustração aos filhos, deixara a cada uma das filhas, que apenas haviam tido colégio, e que eram Inês e Carlota, a soma de cinquenta contos de réis. Tio José, o mais velho, brigou com irmãs e irmãos, virou-lhes a cara na rua, sumiu com suas qualidades aprimoradas numa longa educação na Inglaterra e foi de posto em posto galgar a guardamoria do porto de Santos, onde se manteve ausente de nós. Os outros permaneceram num extremado propósito de assistência e amor. Meu tio Herculano mudou-se para o Rio, mas de lá sempre participou dos casos de família dando seu aviso e conselho. As duas irmãs, Inês e Carlota, foram ligadas por uma vizinhança contínua. Tio Chico, a quem chamávamos o *captain*, era o chefe da tribo. Intervinha em tudo com sua enérgica autoridade. Às vezes, minha mãe mandava-o avisar: — O Oswaldinho está com um dente mole e não quer arrancar. Aparecia a sua figura imponente, de bigodes curtos e lá ia num instante, amarrado numa linha, o produto condenado da minha primeira dentição. Tio Marcos, o caçula, rolou inutilmente pelo interior de São Paulo — Rio Claro, Jaboticabal — levando consigo um talento inexplorado e a lenda de ter sido o melhor estudante da nossa Faculdade de Direito. Quando se casou com uma Schmidt, inventaram que eu iria ser pajem na cerimônia, vestido de príncipe, todo em veludo azul. Mas o casamento se efetuou sem a minha presença. Não tendo conseguido se firmar na sua banca de advogado, procurou ele comprar um cartório que custava dez contos de réis. Recorreu à rica da família, uma sobrinha, filha de tio Chico que, além de herdar, casara rica com um Junqueira. D. Noêmia negou-lhe secamente o empréstimo. E ele andou falando sozinho pelas ruas. Esse fato era o sinal do esfacelamento do grupo familiar. A um primo José, filho do tio mais velho que falecera, a mesma senhora fez sair de mãos abanando de seu palacete do Jardim América, no momento em que ele, mudado para São Paulo, não tinha teto para a mulher e os filhos.

Sinais dos tempos. A nossa geração integrara-se na consciência capitalista que gelara os velhos sentimentos da gente brasileira. Nos mantivemos, primos e primas, cautelosamente afastados, se não hostis, vagamente nos encontrando nos enterros da família e sabendo por travessas vias, de doenças, partos e transações. Nossos pais vinham do patriarcado rural, nós inaugurávamos a era da indústria.

Como e por onde começar minhas memórias? Hesito. Devo começá-las pelo início de minha existência? Ou pelo fim, pelo atual quando, em 1952, os pés inchados me impossibilitam de andar no pequeno apartamento que habitamos em São Paulo, à rua Ricardo Batista, 18, no quinto andar. Quando esta que ficou sendo em minha vida a Esposa, Maria Antonieta d'Alkmin, vai num gesto buscar os meus chinelos e carinhosamente providencia as frutas de meu regime. Estou atacado duma asma cardíaca, produzida por insuficiência e o Dr. Emílio Mattar procura me tirar do caixão, com injeções de Cardiovitol que o farmacêutico da vizinhança, Seu Nenê, vem aplicar todas as noites, na veia.

Fito nas paredes do living espaçoso as minhas altivas bandeiras. São os quadros, as obras-primas da pintura moderna de que breve vou me desfazer. São os estandartes levantados na guerra que foi a minha vida. Um grande Chirico de 1914, da série *Piazze d'Italia*, onde se vê uma torre, um pequeno trem de ferro e dois homens minúsculos na solidão da praça onde se ergue uma estátua vestida de negro. É um dos quadros que criaram em Paris o Surrealismo. Chamam-no *L'Enigme d'une journée*. Há também, em azul, a obra-prima de Tarsila, *O sono*. Duas joias de Cícero Dias, onde o mestre brasileiro liga o abstrato ao nativo. *Os cavalinhos* de Chirico, o Di, uma telinha de Rudá e outra de Nonê, meus filhos, e um guache de Picasso em azul e negro. São as minhas bandeiras que contam que nunca abdiquei na luta feroz dos meus dias.

Hoje, feriado, 15 de agosto, vieram almoçar conosco os casais Antonio Candido e Domingos Carvalho da Silva. Saíram há pouco, depois de uma boa camaradagem. Domingos e Inês se refazem da tragédia que lhes causou no mês passado a morte de um filho de sete anos, Gilberto. Empresto a Antonio Candido o livro de crítica política de Lourival Fontes, intitulado *Homens e multidões*, que ele repele com horror. Mal sabe que se trata de um milagre, pois do tradicional e consciente fascista que organizou o Departamento de Imprensa e Propaganda, saiu o melhor volume que possuímos no assunto, inteligente, imparcial e informado.

Antonio Candido diz que uma literatura só adquire maioridade com memórias, cartas e documentos pessoais e me fez jurar que tentarei escrever já este diário confessional.

Pois, se é preciso começar, comecemos pelo começo.

A mais longínqua lembrança que tenho de vida pessoal, destacada do cálido forro materno que me envolveu até os vinte anos, foi de caráter físico sexual, evidentemente precoce. Está ela ligada à casa em que morávamos na rua Barão de Itapetininga, de jardinzinho ao lado. Sentando-me à porta da entrada e apertando as pernas, senti um prazer estranho que vinha das virilhas. Que idade teria? Três ou quatro anos no máximo.

Acontece terem as crianças ereção no primeiro mês de vida e iniciarem um inútil período de masturbação, enquanto homens de quarenta anos e menos perdem estupidamente a potência para viver dezenas de anos como cadáveres. Obra de Deus — querem os padres e as comadres. O limite, o tabu dos primitivos. A adversidade metafísica. O malefício eterno e presente que todas as religiões procuram totemizar.

Assim, cedo mergulhava eu nesse maravilhoso universo da bronha onde permaneci virgem até quase a maioridade.

Vivia arrebanhando pretextos e motivos para a elaboração noturna de meu sonho sexual. Um domingo, meu tio Marcos Dolzani me fez um convite. Levou-me ao circo que funcionava perto de casa, na atual praça da República que, terrosa e deserta, chamava-se naquele tempo o largo dos Curros. Já estava construída, longe, a Escola Modelo Caetano de Campos. Era uma matinê. Ele comprou uma entrada de galeria, me fez passar e ficou esperando do lado de fora, na calçada, onde havia pretas com tabuleiros. Mais tarde, meu primo Marcos, gordalhufo e sempre rindo e caçoando, atribuiu isso a uma medida de economia. Querendo ser gentil com meus pais, em casa de quem se hospedava, meu tio me pagara a entrada mas não gastara a dele.

O circo foi um deslumbrado céu aberto na secura de emoções que me cercava. Não só a banda de música, ginastas, cavalos e feras. Mas era o espetáculo em si que subvertia a monotonia do meu cotidiano. As mocinhas de maiô entraram em meus olhos e aí permaneceram. Nas noites de camisolão, elas foram meu pasto e minha festa. Nesse tempo, aqui, ninguém usava pijama e minha mãe, à entrada de cada inverno, me presenteava com um comprido e folgado camisolão da boa lã daquele tempo.

Aureolada de litografias de santos de todos os feitios, onde se destacava, além do insípido São José, uma ternura encaracolada de São João menino, com um cordeirinho nos braços, a minha cama ressuscitava o circo na penumbra vacilante, onde uma lamparina votiva se acendia ante o austero oratório da família.

Minha mãe tinha permanecido ali horas, conversando com a custódia de prata, onde, no centro, faiscava o Espírito Santo que era uma pombinha de ouro. Tinha longamente relatado aos santos as dificuldades de Seu Andrade, o arruamento incipiente dos terrenos da Vila Cerqueira César que ele comprara, as dores das comadres, os problemas dos parentes e amigos. Gesticulava na sombra, gorda, baixa, convincente, os cabelos ralos tendendo ao grisalho. Depois me olhava abençoando e desaparecia para o seu quarto ao lado.

Então se descerravam os umbrais de meu mundo secreto. Geralmente uma daquelas moças tinha partido o calção na ginástica e subia os degraus da galeria para que eu o ajustasse. O camisolão azul era o pano do circo que o mastro central enfunava. E as "pastorinhas de meu sexo" do poeta Luís Coelho, pelos olhos encantados da invenção, vinham até mim, para consertar, róseas, frescas, faiscantes, os seus maiôs rasgados.

Fora dessa sensação, minha vida de criança seguia o trem da existência familiar. Soube cedo que era filho único, que perdera um irmãozinho que não me lembro de ter conhecido. Que meus pais, particularmente mamãe, rezavam muito a Deus e faziam promessas aos santos de sua devoção.

De modo que minhas preocupações eram o sexo noturno, a lamparina e as poucas pessoas que formavam meu círculo doméstico. Tios, tias, comadres, alguns primos. A casa enorme da rua Barão de Itapetininga via pouca gente. Meus pais consideravam-se dois velhos, de quem a preocupação máxima eram os deveres religiosos. Disso eu me lembro — novenas, missas, solenidades católicas. Cedo me atiravam ao ritmo cantado das ladainhas e ao incenso das naves. Fui criado evidentemente para uma vida terrena que era simples trânsito, devendo, logo que Deus quisesse, incorporar-me às suas teorias de anjos ou às suas coortes de santos. Os brinquedos do sexo em nada atrapalhavam meu grave destino. Eu não sabia que se tratava de um fenômeno glandular. Sabia que era feio. Quando mais tarde, indo à missa da Consolação pela manhã, passava sob um terraço de casa familiar, onde estavam sempre dependuradas algumas meninas, lambiscava com os olhos os contornos brancos que se revelavam sob as saias flutuantes e curtas. Tinha medo de ser surpreendido e sofrer uma repreensão. Mas de fato, no meu íntimo, não acreditava no pecado. De seus exorcismos, supersticiosamente, guardava apenas o rito. E era muito. Confessava? Sim. Como os outros. Cheguei já homem a comungar para obter notas boas para certos colegas obtusos ou malandros da Faculdade de Direito. Simples comércio com o mito que meu invencível sentimento órfico cultivava.

Às vezes acordava na larga cama de meus pais. Dormia no "meinho". Um cheiro bom de café fazia voltar-me. Seu Andrade orava, sentado à beira do leito, enquanto fazia o café numa máquina mecânica. Mamãe dormia.

A data de 1896 tem importância porque guarda a minha primeira viagem. Na minha memória afetiva ficou a ideia de, aos seis anos, meus pais me levarem ao Guarujá. O Guarujá é uma praia linda, na ilha de Santo Amaro, em Santos, que se desenvolveu com o desenvolvimento do estado, mas que já nesse tempo era o recanto marítimo que reunia as elites de calção comprido que banhavam as pundonorosas canelas e dissimulavam as bundas, ante o mar rancoroso e verde, onde se erguia em frente a ilha da Moela.
— Veja como parece uma moela!
De fato, a pequena penedia penhascosa semelhava uma moela de frango bem torrada. Nas noites láteas e cálidas, varria o mar uma lanterna de farol.
Lembro-me da senhora gorda que era D. Inês, minha mãe, me descascar laranjas, na janela do quarto do Hotel de La Plâge, de ela mandar dar gorjeta ao chefe da cozinha, a fim de obter, na mesa, bom peixe. Há também a lembrança de um brinquedo sexual frustrado, com um menino, junto a um monte de areia. No pequeno embarcadouro, havia uma lancha, a que nos trouxera de Santos, com o nome de *Marina*. Esse nome trazia para mim um

feixe de recordações interessadas. Marina era minha prima morena que morava no Rio, muito bonita e esbelta, quase da mesma idade que eu. E com ela, vinha a família numerosa de tio Herculano, esse Inglês de Souza que foi, no século, um dos fundadores da Academia Brasileira de Letras, autor d'*O missionário* e de outras amáveis coisas amazônicas.

Feliz de meu tio! Tão cercado de merecidos carinhos e de prestígio. Devo-lhe tanto! Para a época de literatura anêmica do começo do século, era justa a sua alta reputação. Não li seus contos de que minha mãe falava entusiasticamente. Seu talento era para dar mais do que deu. Mas seus enormes encargos profissionais e sociais não permitiram que se dedicasse somente à literatura. Tinha dez filhos.

A lancha *Marina* do Guarujá me trouxe esse buquê de imagens da minha família materna. Devo a um equívoco os benefícios oriundos de meu tio Herculano para a minha carreira literária. Sendo ele um literato, não soou mal essa palavra em casa, quando, muito cedo, eu me declarei também disposto a escrever. O literato que ele era dobrava-se do grande advogado, do autor de nosso Código Comercial e do político, pois faleceu líder da bancada federal do Pará, donde era nativo. Ser literato não constituía, portanto, no seio de minha gente, vergonha nenhuma nem compromisso algum com a existência em carne viva que tem fatalmente que ser a de quem escreve. Eu tinha por trás de mim, para manter as esperanças de minha mãe, a retaguarda financeira dos terrenos da Vila Cerqueira César, de que meu pai ficara dono, depois de numerosas transações imobiliárias.

Também foi importante a influência de meu primo Seu Paulo, filho de tio Herculano, pois também ele ia ser literato e numa viagem que a família do Rio fez a São Paulo, me comunicou que estava escrevendo suas *Obras completas*. Tínhamos então onze anos, sendo ele pouco mais velho do que eu. Contou-me também Seu Paulo o enredo de um conto seu, intitulado "O fantasma das praias". Tratava-se de uma moça que havia morrido do peito em São Vicente. Agora, à noite, ela aparecia para seu noivo, ao longo da praia deserta. Essa história me deslumbrou de tal modo que, quando Seu Paulo partiu para o Rio, eu sorrateiramente me aproveitei do assunto e escrevi "O fantasma das praias". É esse plágio o marco inicial de minha vida literária.

Logo depois de deixarmos o Guarujá, soubemos que se incendiou o Hotel de La Plâge. Houve um susto póstumo e mais nada. No local, ergueram outro que ainda hoje é o centro de turismo e batotagem mais importante do estado de São Paulo.

As lembranças que me restam dessa fase foram as últimas que tive da grande casa de esquina da rua Barão de Itapetininga com a atual Dom José de Barros, que naquele tempo se chamava Onze de Junho. Ali está ainda hoje, o mesmo prédio de minha meninice, transformado em farmácia. De suas janelas atualmente muradas, eu, pela primeira vez, espiava a vida.

São Paulo era uma cidade pequena e terrosa. Pouca gente. Um ou outro sobrado de um só andar.

Em frente à nossa casa havia um açougue que nos acordava pela madrugada com o barulho da machadinha picando a carne. Morava do outro lado o Manuel, molequinho italiano, filho da viúva Madama Paula, que minha mãe recolhia para vir brincar comigo em casa, nos salões dos quartos.

Nenhuma condução mecânica. Carros e tílburis que se juntavam no largo da Sé, em frente à igreja, muito mais próxima do que a atual catedral e muito mais bonita. Aí dentro consumavam-se grandes cerimônias, onde apareciam dezenas de cônegos, de vermelho. Cantavam grosso. No teto havia uma espécie de litografia monumental. Um guerreiro, apeado de um cavalo branco, olhando o céu que se abria. Me explicaram ser a "Conversão de São Paulo".

A rua Barão de Itapetininga era pacata e doméstica. Aí moravam famílias conhecidas de casa, o velho Dr. Freire, diretor do Ginásio do Estado que ficava longe, na Luz, em frente à estação de trem de ferro. O Dr. Seng, médico de barbas. Seu Figueiredo, do Banco. As pessoas ficavam conversando nas janelas e sentadas nos jardins.

O viaduto mirrado, de ferro, ligava o bairro onde morávamos ao centro da cidade, à rua Direita, por onde se ia à Sé. Por debaixo da estreita ponte, floriam canteiros de lírios na chácara enorme da Baronesa de Tatuí. Havia estudantes no largo de São Francisco, onde se erguia um casarão conventual que era a Faculdade de Direito.

Os "urbanos" do policiamento apitavam nas noites sossegadas.

Com a ruína de minha família paterna, afazendada em Minas, meu pai viera tentar a vida aqui. Um cunhado lhe dera uma passagem de presente. Como, na fazenda de outro cunhado em que morava, tinha criado cinco galinhas, vendeu-as realizando a soma de cinco mil-réis. Durante a viagem gastou três mil e quinhentos em frutas, sobrando-lhe mil e quinhentos no desembarque, numa noite, na Estação do Norte. Hospedou-se em casa de tio Nogueira, casado com sua irmã Alzira. E, encontrando em São Paulo ambiente para trabalhar, fez mudar-se o resto da família para cá.

Meus avós paternos tinham falecido e estavam enterrados com meu irmãozinho no túmulo familiar de Caxambu. As tias trouxeram a escravaria que restava. E foi do aluguel de escravos que a família se alimentou e manteve por algum tempo.

Meu pai aproximava-se dos quarenta anos quando, conseguindo um sócio chamado Sá, abriu um pequeno escritório de corretagem. Apelidaram-no de Sá e Andrade, e, com esse nome, ele foi encontrado por meu avô, o desembargador que, sendo viúvo, se casara rico em Santos e precisava de um homem de negócios. Meu pai foi, assim, corretor do Desembargador Marcos Antônio Rodrigues de Souza e cedo a ele se impôs. Sentindo-se doente e velho,

meu avô, já com bastante intimidade com o seu corretor, chamou-
-o certa noite à razão. Por que não se casava? Meu pai teria respondido que era o chefe de uma família numerosa e pobre. Mas o
velho foi se abrindo. Tinha formado todos os filhos. Tendo casado
uma filha e vendo que outra adoecera e morrera, preocupava-se
com o destino da última, Inês.

Quase pedido em casamento, Seu Andrade apareceu à minha
mãe pela primeira vez, através de um buraco de fechadura. E
pareceu-lhe elegante, se bem que não tivesse feito a barba. E foi
assim que, da apresentação à intimidade, ele se tornou o esposo
de D. Inês.

Na casa da rua Barão de Itapetininga, apareciam algumas visitas
que falavam da revolta da Armada, que o Marechal Floriano aba-
fara e da Questão dos Protocolos, que fazia na cidade a chacina de
italianos e brasileiros.

Havia um parente importante de meu pai chamado Dr. Raul.
Vinha meu tio Luís, irmão de papai, que estragara sua vida e seu
emprego numa luta de funcionários contra o diretor da Central
do Brasil, onde ele era "chefe de trem". Alto, espadaúdo e célebre por suas façanhas físicas, contava que dera uma rasteira num
preto desaforado, no largo de São Francisco, em frente à Faculdade de Direito, cheia de estudantes. Várias vezes esvaziou a tapa
trens de romaria onde se fazia balbúrdia.

A origem feudal de minha família paterna explica bem isso.
Grande afazendado em Baependi, Minas, meu avô Hipólito José
de Andrade tivera terríveis lutas com escravos. E arruinara-se,
parece que em grande parte devido a uma tragédia de ciúmes,
pois tendo ele tido uma aventura com uma D. Águeda, minha avó
— uma autêntica Nogueira —, abandonara toda a assistência
que lhe dava nos trabalhos da fazenda e isso o teria descontrolado.

Contava-se também que, numa escritura de terras, ele fora roubado pelos próprios irmãos. Meu pai uma vez, querendo chicotear um negro, o Ambrósio, este o atacara de faca. Saltou diante do homem. Tendo sofrido para mais de trinta golpes, apenas um o atingiu na mão. Era o sinal para uma revolta de escravos, logo abafada.

Meu tio Luís, de quem guardo uma comovente recordação, me punha no colo, para ensinar as horas do relógio. O caso que o inutilizou na Central do Brasil fora uma fanfarronada. Os funcionários levantados contra o diretor faziam tudo para que este fosse posto para fora. Mais um caso na Estrada e o homem seria alijado. Meu tio foi incitado a criar o caso. E criou, ele, honestíssimo, dando um pequeno desfalque. Teve que fugir e acoitou-se depois em Jacareí, onde a família vivia. Desmantelou-se assim para sempre. Mais tarde, um de seus filhos, chofer de praça, fitava-o dizendo:
— Velho besta!

Epitáfio do herói que ele fora.

O paganismo de certas festas religiosas enlevou longamente minha infância. Até poucos anos, enquanto a saúde me permitiu, fui frequentador das festas do Bom Jesus de Iguape. Naquela época, Pirapora e a Aparecida constituíram o refúgio místico da família. Na Aparecida do Norte que hoje se ergue, ao lado da rodovia Dutra, como um burgo medieval de um encanto espetacular, me vi muitas vezes ao lado de meus velhos pais. Até hoje não me esqueci de meu pai narrar ter ouvido da Santa, numa noite de hotel, estas palavras proféticas: — Teus negócios vão se arranjar! Mas, ela pronunciou tão lenta e demoradamente essa frase salvadora que até hoje, mesmo com o auxílio de Santo Expedito, e mais tarde com o de grandes advogados como o Rao, o Marcondes e o Luís Lopes Coelho, tudo tem-se reduzido a soluções de emergência que afinal parece que vão terminar agora. Terminarão?

Uma procissão no campo, saída da capelinha de Santa Luzia na Vila Cerqueira César, que meus pais ajudaram a construir, ficou badalando em minha memória entre bandeirolas, opas vermelhas e foguetes.

Mas, Pirapora constituiu para mim o melhor regalo da infância. Hoje atinge-se esse santuário do Bom Jesus creio que numa hora de automóvel. Naqueles tempos era uma viagem que lembrava o século XVI. Saíamos muito cedo. Descíamos do trem na estação de Barueri e aí vinha nos buscar uma estranha condução que se compunha de carros de boi e cavalos. Eu ia de carro de boi com mamãe, papai a cavalo e o séquito de comadres, compadres, parentes e servidores, de qualquer modo. Interrompia a marcha da caravana uma parada em Parnaíba e daí longamente atingíamos Pirapora. Meu pai alugava uma casa, pois nos demorávamos às vezes mais de uma semana e não havia hotel. O bulício festeiro, as danças no barracão, os leilões de prendas e as solenidades da igreja, era tudo uma série ininterrupta de músicas e cantos que deslumbravam os olhos num renovado espetáculo popular. O rio miraculoso, onde fora encontrada a imagem do Bom Jesus, espraiava sua verde toalha entre pedras que os romeiros partiam a fim de levar para casa como amuleto. Havia uma ponte que me parecia enorme e que mais tarde, para minha visão de homem, diminuiu e ficou do tamanho de um brinquedo.

Minha mãe trazia do Norte o comunicativo, o animoso e a festividade que faziam juntar em casa e nas romarias todo um inexpressivo séquito feudal, incapaz, habituado e vivido na frieza paulista, de fazer ecoar aquele coração amazônico. No entanto, ela insistia nos Natais de ceia, nos presépios e lapinhas, nos aniversários onde exibia a baixela e os cristais da família. E infringindo todas as posturas e todos os costumes daqui, encomendou certa vez uma caveira de boi com chifres curvos, amarrou-a a um jacá e enfiou dentro desse estranho invólucro um copeiro mulato, desdentado e magro, que se chamava João Justino da Conceição. Soltou-o na tarde da rua de Santo Antônio para fazê-lo dançar o "bumba meu boi". Berrávamos da janela:

— Chifra, João!

Os italianos que passavam de guarda-chuva, como caricaturas típicas de Juó Bananére, e um ou outro turco de matraca e lata nas costas, paravam, hesitavam diante do mudo e tímido monstro carnavalesco. — Chifra!

O fracasso foi a tal ponto que nunca mais ela se lembrou de reproduzir, na capital friul, as alegrias tropicais do folclore pernambucano.

Era de Pernambuco, de Recife mesmo, que mamãe trazia seus costumes festivos pois, enquanto meu avô percorria na sua ascensão de magistrado do Império as diversas etapas da carreira, ela permanecera anos em Recife, morando em casa de parentes. Recordava-se muito bem dessa época e mesmo se lembrava do longínquo Amazonas, onde nascera no pequeno porto de Óbidos. Aí, ela que trazia no sangue o aventurismo da estirpe portuguesa, aprendera a nadar criança nas águas do Amazonas. Contava preciosas histórias em que aparecia mergulhando sob os grandes barcos encostados, tendo, certa vez, topado na margem com a figura severa do pai, que fora avisado.

No rio selvático, ela e um grupo de crianças nadavam com jacaré à vista. Quando a fera mergulhava feita na direção do bando, todas se acolhiam à margem, escapando à sua perseguição. Uma vez, porém, um jacaré apontou sobre uma criança de dois anos que ficara sentada na margem brincando com os pés n'água, e carregou-a nas fauces entreabertas pelo rio. O alarma estendeu-se ao vilarejo. Os pais tomaram um bote e voaram sobre a fera que fugia. Espancaram-na inutilmente, sendo preciso que, encostando mais a embarcação, a mãe lhe vazasse os olhos com os dedos para obrigá-la a devolver o pequeno cadáver. Aventuras de sucuris que esmagavam homens bêbados, de onças passeando à noite na folhagem do cacaual, de jacarés defendendo seus ovos, de negros fugidos que voltavam de madrugada para assaltar as senhoras, enchiam minhas noites da rua de Santo Antônio. Outros casos, também de mato, vinham da parte de meu pai que, menino ainda, nas caçadas perigosas, era incumbido de cutucar com um bambu as onças que se acolhiam às árvores sob a canzoada em delírio. De Minas vinha também, nas histórias das criadas, das tias e das crianças, um resto de folclore místico, com sacis, assombrações e mulas sem cabeça e muito caso de escravo. Do Amazonas tudo desaparecia ante a selva e suas feras. De qualquer lado, para onde girasse minha curiosidade de criança, alimentavam-na do mais rico material da imaginação e da realidade brasileira. No dia a dia de meus estudos e do meu primeiro futebol, São Paulo contrastava gelado com aquele fabulário familiar.

Meus avós, de um e outro lado eram personagens de lenda, capazes de afrontar sem medo todos os perigos. O desembargador materno se honrara em lutas cívicas pela moralidade e pelas causas liberais. Juiz de Santos, fizera apurar direito uma agitada eleição, dando ganho à facção antigovernista que era o Partido Liberal. Incendiaram o edifício da Câmara a fim de destruir as atas eleitorais, mas ele anunciou que estavam a salvo, pois as guardara na sua própria moradia. O ódio do partido governista cresceu contra o magistrado impoluto. Foram os conservadores à Corte e conseguiram trazer uma promoção punitiva que o tirava do cargo e da cidade. Sem ter tempo contado nem méritos oficiais, ele se via guindado ao cargo de desembargador. Mas devia exercê-lo em Mato Grosso. Minha mãe contava com grande ânimo o episódio da ida do velho ao Rio, onde pediu uma audiência ao próprio imperador. Expôs a D. Pedro o que se passava, dizendo-lhe que não aceitava a sua promoção para Mato Grosso, pois não merecia ser castigado por ter julgado retamente os resultados de uma eleição. Levantando-se, o magistrado teria dito que preferia vir a ser carroceiro e puxar nas ruas da Corte o queixo de um burro do que aceitar o exílio que lhe ofertavam sob a capa de uma promoção. E saíra da sala sem meneios. O resultado não se fez esperar. Foi indicado para a própria capital do estado de São Paulo, onde veio integrar, realmente promovido, a turma de juízes do Tribunal de Justiça, a mais elevada possível na carreira.

Um fato que veio transformar a nossa vida foi a mudança da família de minha tia Carlota, irmã de mamãe, do Rio para São Paulo. Ela era casada com um viúvo, o Desembargador Domingos Alves Ribeiro, velho monarquista impenitente. Com ele tivera um filho, meu primo Marcos. Moravam juntos sua enteada Sara e seu enteado Odilon. Um outro enteado, o Dominguinhos, ficara morando no Rio, onde era funcionário do Ministério da Guerra. Trata-se do escritor anarquista Domingos Ribeiro Filho, autor de um romance intitulado *O cravo vermelho*. Conheci-o pouco.

Minha tia, na chegada, instalou-se à rua Bráulio Gomes, tendo depois arrastado minha mãe para morar junto a ela, na rua de Santo Antônio. Meu pai vendera o prédio da rua Barão de Itapetininga para comprar os terrenos do que chamou depois de Vila Cerqueira César. Sei que ele se sentia inutilizado, devido a uma doença que lhe atingira uma costela. Era recatado, vivia para o lar de Dona Inês, onde eu brilhava sozinho. Contaram-me que no meu primeiro aniversário a casa se encheu de bulício e de festa, tendo funcionado a Banda Alemã que era a primeira de São Paulo.

O que deveras me interessou na gente recém-chegada do Rio foi uma nuvem de negrinhos, filhos da cozinheira Rosa, que ganhava trinta mil-réis por mês. Eram eles o Lázaro, já grande, a Sabina, o Fábio e a Marcela. Era com eles que eu encantava meus dias no quintal da rua Barão de Itapetininga, onde havia uma ameixeira e uma figueira. Meu primo Marcos me aperreava de tal modo que, uma manhã, atirei sobre ele uma faca de cozinha que espetou no chão a meio metro de seus pés.

Dessa época, resta ainda a reminiscência da primeira escola. Aos seis ou sete anos, fui matriculado na Escola Modelo Caetano de Campos, no mesmo prédio de hoje, à praça da República, sem o último andar que, sob os olhos idiotas dos "Amigos da Cidade", estragou a harmonia arquitetônica do conjunto, edificado por um engenheiro italiano.

Tive como professoras, D. Orminda da Fonseca que chamávamos "perna fina e coxa seca" e que me dizem que ainda está viva, e mais D. Isabel Ribeiro. Excelentes mestras. Depois passei para a aula do Professor Seu Carvalho, que era um ateu danado. Tanto que deu origem a uma salvadora denúncia que levei imediatamente à minha mãe. Ele tivera a audácia de afirmar em aula que Deus era a Natureza. Fui logo retirado daquele antro de perdição. O que eu detestava não era o apressado e teso spinozista Seu Carvalho. Eram os meninos que me chamavam de "curumiro", porque eu denunciara um que por pouco não esmagava meu dedinho no portão de ferro. Era da ginástica que eu fugia, gordinho e refratário. Eram as solenidades e as festas agitadas e intérminas, onde uma vez quiseram me obrigar a recitar um poema à professora, feito em meu nome, por um poetastro do Nordeste que se hospedara em casa de minha tia e vivia espreguiçado numa cadeira de balanço. Eram os horários cheios de que eu conseguia escapar com ânsias de vômito na saída matinal para a aula. — Oswaldinho está doente! Lá ia eu para a cama em vez de ir para a escola.

Mas alguma coisa ficou de imenso em minha alma de criança, daquele edifício limpo, branco, higienizado. Foi o canto dos alunos que me embriagava. As vozes claras cantavam confusamente a palavra Liberdade. E diziam:

Das lutas, na tempestade,
Abre as asas sobre nós.

Esse clarão presidiu até hoje a toda a minha vida. Como poucos, eu conheci as lutas e as tempestades. Como poucos, eu amei a palavra Liberdade e por ela briguei.

Meu pai, ensaio de homem público, trabalhou para que a passagem pelo viaduto do Chá fosse livre. Chamavam-no assim porque tinha havido ali, na chácara da baronesa, uma plantação de chá. E cobravam até aí alguns vinténs do passante. Ele e outros denodados munícipes conseguiram libertar o viaduto daquele tributo. Falou-se então que haveria, à noite, uma manifestação pública que viria saudar entre outros, meu pai. Comprou-se cerveja. E esperou-se pela larga noite a manifestação que não veio.

Na casa da rua Barão de Itapetininga, ficara a lembrança da doença de meu pai, operado sem anestesia. Um carro parava muito tempo diante do jardim. Agora a mudança para a rua de Santo Antônio, no alto da ladeira, onde se abre hoje o viaduto Nove de Julho, trazia uma cabal transformação de cenário. Eu teria oito, nove anos. A casa era de dois lances mas muito inferior à outra. Dava a impressão de que tínhamos empobrecido.

A família de minha tia alojou-se na casa vizinha. Ambas tinham um extenso e inculto quintal que dava para a atual avenida Nove de Julho, onde esplendiam, na tarde, arbustos selvagens de maravilha. E assim, iniciaram as irmãs nortistas uma vida em comum, onde eu seria atirado aos maus bofes de dois primos, o Marcos, que já referi, e o Wolgrand, recém-chegado de Minas. Era filho da irmã de meu pai, tia Alzira. Magro, desdentado, curvo, ele era um demônio autoritário contra meus dias. Juntava-se com o Marcos, gordo, risonho, e ambos faziam de mim uma sofrida peteca.

Enfiavam-me na enorme açafata de roupa suja, chamavam-me de "nufo doido" não sei por quê, inventavam, enfim, diabólicas partidas contra minha débil segurança. O recurso era minha mãe que, informada, trovejava duma das janelas laterais do prédio uma ameaçadora descompostura contra os valdevinos.

Havíamos dobrado a esquina de um século. Estávamos em 1900. Eu tinha dez anos, e morava, como disse, no alto da ladeira de Santo Antônio. Lembro-me que esperei acordado a entrada do ano e do século, acreditando que, à meia-noite, qualquer coisa como um sinal metafísico se descobrisse no céu, pelo menos a data de 1900. Mas nada vi e fiquei cabeceando de sono, entre mamãe e as comadres. O que veio, creio que logo depois, foi o cometa Halley, resplandecente no forro do céu. Houve uma correria na vizinhança. Toda gente foi para a rua e pela primeira vez ouvi falar em fim do mundo.

Minha mãe, atacada de asma, permaneceu anos deitada a um sofá de palhinha, entre almofadas, na sala de jantar, coração da casa. Dali ela dirigia os serviços simples da vida, me esperava e a Seu Andrade, e rezava pedindo ao seu Deus impassível a solução feliz dos negócios.

Falava sempre da família e assim vim a saber que éramos descendentes dos "Fidalgos de Mazagão". Lenda ou fato? Não importa. Há entre ambos a diferença que vai da verdade à realidade. A história da nossa ascendência vinda dos "Fidalgos de Mazagão" ficou como fundamento de nossa secreta herança de bravura e de estoicismo. A verdade é sempre a realidade interpretada, acomodada a um fim construtivo e pedagógico, é a gestalt que suprime a dispersão do detalhe e a inutilidade do efêmero.

— Está no Southey! — afirmava um tio meu gordo e careca. Estaria no Southey?

Era a história dos defensores de Mazagão, a última praça portuguesa em África. Assediados pela superioridade das hostes sarracenas, esses homens haviam resistido acima dos limites normais da coragem humana. E tinham afinal sido retirados — um troço de infelizes, feridos e famintos, com suas famílias, para as dependências do paço real de Lisboa.

Vendo-os ali, Dom José I teria perguntado ao Marquês de Pombal:

— Quem são esses esfarrapados?

E Sebastião José de Carvalho teria respondido:

— São tão nobres quanto Vossa Majestade. São os homens que por último defenderam as armas lusas no continente africano. Eram os *gueux* de Portugal.

— Dá-lhes o Amazonas! — determinara o rei.

Daí viria a origem amazonense de nossa família. Seria ela uma das poucas que, depois de suportar a guerra africana, atravessaram incólumes as pragas da dádiva real, na beira desconhecida do rio sem cabeceiras. Isso nos fins do século XVIII.

Meu bisavô conseguira afazendar-se ali com bastante gado e fazia comércio entre Belém e o interior. Menino de catorze anos, meu avô fora incumbido de ir buscar mercadoria na capital do Pará, numa grande barca, levando consigo trinta contos em ouro. Acompanhavam-no um casal de pretos velhos para os serviços da embarcação e um preto moço. A barcaça em meio da viagem naufragou nos caldeirões do estuário. Os velhos desapareceram com ela. O menino e o escravo tinham se atirado à água, tentando nadar com o peso das moedas que queriam salvar a todo o custo. O ouro arrastava-os para o fundo. Resolveram largar a fortuna que lhes fora confiada.

A criança resistiu. O negro moço afogou-se. Durante seis horas, o menino lutou com as águas infindáveis sem atingir a terra distante. Mas, ao cair da noite, encontrou uma canoinha e, redobrando as energias quase extintas, alcançou-a. Era um morfético que esmolava pelo rio. Recolheu o pequeno náufrago e deixou-o exangue e nu na margem.

Minha raça tinha sido salva numa canoa de leproso.

Como prêmio desse recorde de natação, meu bisavô determinou que o menino fosse ser soldado raso em Pernambuco.

Isso tudo era o que contava a voz vinda do sofá de palhinha. Realidade? Lenda? Meu primo Paulo Inglês de Souza, que sempre confirmara a nossa nobre origem, dizendo que pertencíamos a uma dessas famílias a quem Dom José "dera o Amazonas" em paga do devotamento guerreiro às armas de Portugal em África, agora tem-se mostrado hesitante nas suas pesquisas genealógicas, não encontrando uma ligação direta de nossa gente com o grupo de exilados. Parece que não há o nosso nome entre os párias do século XVIII. Talvez tenha havido uma ascendência feminina. Seja ou não, foi esse o suporte moral que nos legou a tradição avoenga.

A vocação de fidelidade e de heroísmo vinha do sofá e da voz. A casa era silente e calma porque não tinha crianças. Nisso talvez se fundamente a minha contínua vontade de viver afastado de tudo, apesar dos inúmeros raids que fui e sou obrigado a realizar na vigência de minhas lutas infindas.

Lembro-me com saudade dessa solidão da casa da rua de Santo Antônio. Mesmo nos domingos eu preferia não sair, não ir ao Velódromo que era perto, na rua da Consolação, onde está aberta hoje a rua Nestor Pestana e que ficou sendo o nascedouro do esporte paulista.

Da janela lateral de nossa sala de jantar eu avistava as copadas árvores da chácara do Conselheiro Ramalho, na Consolação, que desciam até a atual avenida Nove de Julho. Detrás, vinha um clamor que se elevava de quando em quando na tarde quieta. Era o futebol que nascia.

Ali localizava-se o campo do Clube Atlético Paulistano, onde se defrontaram esse clube e o São Paulo Athletic, que era composto de "ingleses" e cujo líder, baixinho e de bigodes em ponta, chamava-se Charles Miller. Inventara ele um passe arrevesado, dado com o calcanhar, e que guardou o seu nome. A molecada perguntava: — Você é capaz de dar um charles-míler?

O Paulistano, xodó da cidade, não tinha os meus votos. Eu era mackenzista, talvez levado pelo rubro da camisa sobre os calções brancos. Fiquei fã do goleiro gordo Mário Mendes e do beque Belfort, que dava chutes espetaculares no gramado da Consolação.

Quando aluno do Ginásio de São Bento, joguei mediocremente no começo e depois fui considerado um bom beque. Mas também aí não fiz carreira.

Nas noites quietas, meus pais deitavam-se cedo. Eu procurava, sentado à mesa de jantar, ensaiar num caderno a minha nascente literatura sem motivos. Nesse momento, rompia para os lados da Consolação uma música de banda. Era a sociedade filarmônica Ettore Fieramosca que ensaiava. Em geral, tocavam uma marcha fúnebre. Nessa época era comum verem-se os enterros feitos a pé, acompanhados de fanfarra.

Eu parava comovido, estudando aquele Chopin de banda. E pensava no futuro e na orfandade.

Com a fundação do Grêmio Guarani, veio animar-se a vida enfastiada daquele pequeno grupo de famílias burguesas que abriam o Bairro da Bela Vista. Ideador e realizador do propósito social foi meu primo Marcos que além de promover saraus dançantes, inventou de fazer um teatro no porão de sua casa.

Eu era naturalmente indicado para ser astro da pequena troupe que Marcos formou com vizinhos, entre os quais rapazes da família Montmorency, decadentes brotos de uma nobre estirpe francesa. Meu fracasso foi do primeiro dia. Nunca consegui articular duas frases no palco. Isso constituiu imediato motivo de brigas com o Marcos. Eu não podia atribuir minha inépcia cênica a uma incapacidade absoluta. Era tudo, naturalmente, produto das perseguições do Marcos e de seus amigos, mais velhos do que eu. Diversas representações se sucederam no palquinho do porão, perante boa assistência, que entusiasmava os artistas com aplausos. Eu ficava de fora, bastante despeitado. A incapacidade no entanto era real como sempre foi a de falar em público. Talvez um excessivo rigor de autocrítica me tenha contido e afastado sempre de expansões oratórias ou simplesmente cênicas. Nunca dei para isso.

Também não sabia dançar, o que tornava extremamente fastidiosos os saraus do Grêmio Guarani. Quem aí se divertia à vontade era o Marcos, grande dançarino e seu irmão torto, o Odilon, que com as contradanças acabou casando com uma moça pobre e bonita de origem portuguesa, chamada Dulce Patrima. Isso foi considerado por minha mãe uma *mèsaliance*, agravada pelos parcos recursos do Odilon que, se não me engano, era simples cobrador da Companhia de Gás. Lembro-me duma interpelação violenta de mamãe, recostada no seu leito e pondo o Odilon em palpos de aranha, diante da responsabilidade de fundar uma família. Ele resistiu a todos os argumentos e casou-se com sua Dulcineia, passando a acompanhá-la, passivo, vesgo, carregando os sucessivos filhos que iam vindo, por todos os saraus de que arranjava convites. Dulce gostava de dançar. Eu detestava. Arrastava-me bocejante pelas cadeiras vazias do sarau. Apenas quando mamãe consentia que as criadas me levassem às festas religiosas — novenas e procissões da igreja de São Benedito, no largo de São Francisco —, eu ensaiava com elas, no tablado de um coreto, passos de maxixe no meio da pretada. Evidentemente, definia-se assim minha intensa adesão ao povo, seus ideais e costumes.

Com a proximidade dos quinze anos eu me sentia cada vez mais afastado dos ambientes caseiros e maternos e mais chegado à rua e ao colégio. De há muito deixara de ir no começo da noite, ouvir com uma criada a retreta da banda da Força Pública na concha musical que se levantava em face do Palácio do Governo, na época completamente fechado por grades. Para regalo da população, a banda militar executava ali uma ou duas vezes por semana um programa de grande êxito popular que enchia de gente o jardim público.

Do amor, da vida e da morte, fui tendo por altos e baixos, uma noção mais realista e exata. Da morte, eu tive notícia mais cedo. Uma manhã ecoaram pela casa lamentos e ais. Tinha morrido o Arnaldo, filho do Odilon, enteado de tia Carlota. Fomos vê-lo. No caixão azul, a criança que eu conhecera viva e esperta, tinha uma impressionante e estranha lividez. Os pais soluçavam.

O amor que se apresentara cedo na loira Helena W., vizinha e amiga de casa, dez anos mais velha que eu, a quem eu obrigava a sentar-se a meu lado nas festas de aniversário, mudou logo de dona. Apareceu Sinhá. Magra, escrofulosa e quase preta. Mas, eu me faquirizava por aquelas pernas secas e procurava entrevê-las deitando-me no chão à sua passagem. Depois namorei a mais velha das três meninas que se tinham mudado para a vizinhança, em frente. Chamava-se Sara e foi quem, de fato, abriu pela primeira vez meu coração cerrado de menino. Numa noite de visita em que eu acompanhava minha mãe, tendo os meninos saído, fiquei só com Sara que tomou curiosas iniciativas ginastas. Punha os pés no espaldar da cadeira de balanço, a saia curta caía, mostrava até a calcinha um par de pernas bem feitas e morenas e me dizia: — Mamãe não quer que eu faça assim, mas eu faço! Nas primeiras férias Sara viajou com a família para Buenos Aires e me mandou pelo correio um cartão-postal colorido com a seguinte frase: "Saudades de sua amiguinha Sara". Durante anos conservei esse cartão amassado no fundo de bolsos e gavetas e assim vim a saber que amava. Talvez um dia pudesse casar com Sara, que tinha a minha idade. Mas, já moço, de volta de minha primeira viagem à Europa, soube que a família de Sara se mudara. Nós também tínhamos mudado já há longos anos. E, numa visita que fiz aos antigos vizinhos, Sara me passou completamente despercebida. Estava feia, ossuda, alta. Era outra pessoa.

Perto de nossa casa pequena e burguesa, abria-se, num quarteirão inteiro, uma chácara arborizada de cigarras no verão, enluarada de sanfona e de sonho nas noites quietas. Vinha a ser a chácara do rico dono de todas aquelas habitações e terrenos. Era um velhote chamado Fernando de Albuquerque, a primeira pessoa que conheci americanizada. Fazia grandes viagens aos Estados Unidos, donde trazia engenhosas novidades. Numa soirée em casa dele, nessa chácara imensa, foi-me apresentado o fonógrafo: — É uma coisa que a gente põe um fio na orelha e ouve!

Minha mãe fez questão que eu comparecesse a essa apresentação da espantosa descoberta: — Uma coisa que roda e a gente escuta tudo!

A casa de Fernando de Albuquerque encheu-se de luzes e de gente. Eu estava ali quieto, ao lado de meu pai quieto. Dessa cena guardo a noção de que mesmo as coisas espantosas nunca me espantaram. Encaixo tudo, somo, incorporo. De fato, fiquei impassível e nada exclamei quando me apresentaram a pequena máquina, onde um cilindro de cera negra em forma de rolo, despedia sons musicais através de fios que a gente colocava nos ouvidos.

Depois de exibida a invenção norte-americana — de Thomas Edison! — dizia encarecendo-a, passou-se a gravar um disco virgem. Meu pai, discretamente escusou-se de dizer qualquer coisa, eu nem fui chamado. Fez grande sucesso de hilaridade um senhor que aproximando-se do disco prometeu: — Doutra vez eu trago a flauta!

Essa frase ficou cantando no fundo de minha memória. Não achei nela nenhuma graça. E através de sua filosofia do malogro, senti que a vida oferecia inúmeras ocasiões como essa em que alguém, na hora de brilhar, notava que não tinha trazido o instrumento do êxito. E prometia adiando a esperança: — Doutra vez eu trago a flauta!

Nunca mais houve outra festa na casa senhorial e americana de Fernando de Albuquerque. Nunca mais o improvisado flautista, que eu saiba, foi chamado a depor, nem ali nem em outro importante ou modesto conclave. Apenas notei que muitas vezes eu tinha também esquecido a flauta e exclamava para a vida e para os homens: — Doutra vez eu trago...

O copeiro mulato, João Justino da Conceição, do "bumba meu boi", foi quem me fez presente dos segredos da vida que eu ignorava profundamente. Uma noite, quando eu tinha sobre a mesa da sala de jantar livros e cadernos abertos, ele veio até mim e sabendo que meus pais já se tinham retirado para o quarto, sussurrou na casa silente:

— Eu sei como é que faz filho! Não é passarinho que traz, nem vem do céu. O homem tira a coisa dele e põe na coisa da mulher e depois nasce a criança!

Eu protestei incrédulo e ele reafirmou a revelação. Acredito ter sido esse o maior trauma da minha idade escolar. Pedi detalhes. Ele deu:

— Sai uma água grossa do homem e outra da mulher. É gostoso!

Até hoje ficou marcado em mim esse choque que derrubava inteira a santidade do sistema familiar. Era inadmissível que isso tivesse acontecido em relação à gente direita, a meus pais, meus avós. Desde então, o mundo para mim perdeu uma perna, ficou manquejando. A inocência, em que eu era cautelosamente criado, desmoronou roçando em cinismo. Minha mãe, em matéria de educação sexual chegara apenas a uma extraordinária concessão. O filho nascia de fato na barriga, mas vinha a parteira e cortava pelo meio o inchaço, depois costurava tudo e a mulher sarava, tendo a criança ao lado.

Como já disse, a religião de casa era a católica, aliás, a única conhecida na zona. O meu quarto, seguindo a tradição de Pernambuco, onde minha mãe vivera em Recife, chamava-se "o quarto do Santo". Entre os santos enquadrados floria a figura cretina e conjugal de São José, pela qual me tomei de surdo e invencível sentimento de oposição. Na rua Barão de Itapetininga eu tinha sido anjo de procissão, "o mais belo anjo de São Paulo", afirmaram, ao poeta Paulo Mendes, suas velhas tias que me tinham conhecido criança.

Agora, na rua de Santo Antônio, mudara o centro hagiológico das preocupações de casa, tendo se concentrado na igreja da Consolação todas as nossas intimidades com o céu. Aí fiz muito cedo uma brilhante carreira, tendo chegado a ser na hierarquia das festas do Divino, capitão do mastro e, enfim, imperador. Tudo aquilo se realizava por sorteio, naturalmente inspirado pelo próprio Espírito Santo. Liam-se em meio da novena os nomes e os encargos. Era um atordoamento de incenso, de campainhas sacras e de badaladas de sino na torre quando saía a indicação do imperador. Pois uma vez leram o meu nome todo — José Oswald de Souza Andrade — e a voz grossa e tonitruante do vigário da Consolação que se chamava Cônego Eugênio Dias Leite, berrou:
— Imperador do Divino!

Minha mãe nunca se sentiu tão comovida e orgulhosa em sua vida e meu pai, suando na corretagem e na venda dos terrenos, pagou, grato, as despesas da festa. Não havia somente chateações e *corvées* de horas ajoelhadas em frente ao oratório e na igreja. Vinham também as saborosas e grandes broas do Divino, os cartuchos de procissão, as honrarias e festividades.

Por esse tempo criou-se em São Paulo o Ginásio de Nossa Senhora do Carmo, entregue aos irmãos maristas franceses. Imediatamente aí me matricularam. Nunca fui com os irmãos maristas nem com essa primeira experiência ginasial. Os meninos maiores me apalpavam afrontosamente, espiavam-me por cima, na privada. Davam-me cacholetas por causa do lanche enorme que minha mãe preparava. Meu pai ia me buscar todas as tardes, submisso e quieto, e quem me levava de manhã era uma preta centenária chamada Maria da Glória que afirmava, contrariando meus jovens conhecimentos, ter visto o Imperador Napoleão em Pernambuco, donde viera.

Não suportei por muito tempo o ambiente do ginásio marista. Não me lembro de ter aprendido aí grande coisa. Ficou-me na memória uma comunhão coletiva, donde sobrou mais do que o corpo de Cristo, um estranho e bom café com leite, servido no refeitório do colégio, depois do ato religioso.

À saída, no fim do dia, ia encontrar meu pai, sempre vestido de escuro, com seu guarda-chuva e o chapéu-coco sentado na venda de um português que abria suas duas portas modestas, face ao colégio. Aí, entre as mercadorias comuns do negócio, notei que havia um feixe de varas de pescar. Meu pai, uma tarde, comprou uma vara e levou-a para casa, onde a guardou num canto. Mais uma ou duas vezes surpreendi-o comprando as tais varas de pescar. Hoje, sinto que eram sinais da sua frustração. Frustração de homem do campo, de rapaz criado na largueza de Minas Gerais, entre pescarias e caçadas e que tendo um negócio a liquidar esperava para seus últimos dias a graça de voltar ao silêncio grandioso dos rios. Isso torna-se evidente, pois com a existência urbana a que ele se votara na transformação em bens do dote de cinquenta contos que lhe trouxera D. Inês, era-lhe completamente vedado qualquer regalo campestre, com exceção das romarias a que já aludi. Nessas, nas romarias, minha mãe conseguia um desrecalque espetacular, ingurgitado do crescente sentimento religioso que a empolgava. As varas de pescar de meu pai ficaram em minha memória como um símbolo de frustração ansiada, que ele confirmou quando, no último ano de sua existência, manifestou a vontade de, liquidados os negócios, mudar-se para a cidade de São João del-Rei.

Comecei então a me agarrar com mamãe para sair do ginásio. Estudaria em casa. Improvisei em professora uma senhora idosa que se chamava D. Matilde Rebouças. E tanto fiz e bordei que consegui que me retirassem do edifício feio e triste da rua do Carmo, para passar os dias fazendo exercícios caligráficos e praticando poucas letras em casa de D. Matilde que morava na própria rua de Santo Antônio. Sozinho num gabinete silente, eu me sentia muito melhor e mais feliz do que em meio da canzoada do colégio, nos seus recreios poeirentos e ruidosos, nas suas aulas pálidas e inexistentes.

Essa época e a subsequente, em que fui matriculado no Ginásio de São Bento, que também se fundara em São Paulo, viram-se entrecortadas de viagens a Minas, estado de meu pai. Íamos a Lambari para o Grande Hotel Melo e a Caxambu, onde morava meu avô paterno ainda vivo e uma penca de tias idosas e solteiras.

Não sei dizer como me alfabetizei. Sei que tive um professor de desenho que nada me ensinou.

Dos livros que conheci na mais afastada infância, lembro-me de *As espumas flutuantes* de Castro Alves, que meu pai me deu. Não entendi nada mas gostei. Já na rua de Santo Antônio, minhas preocupações foram outras. Li deslumbrado *Carlos Magno e os doze pares de França*, que fiz questão de emprestar a todo mundo, cozinheiras, amigos da família. A única pessoa que recebeu bem esse meu proselitismo literário foi um parente moço e pobre, chamado Zequinha, que era guarda-noturno de uma grande casa de tecidos na rua da Quitanda. Ia vê-lo depois do jantar, que se servia às quatro horas, e falávamos longamente das façanhas de Roldão e Olivério, de princesas e sultões. Passei já grandinho para Júlio Verne, que foi meu mestre piloto no maravilhoso dos doze anos. *A ilha misteriosa* encheu minha vida, povoou meus dias e minhas noites.

> *Água rais*
> *Água rais*
> *Dá o cu*
> *Quem vem atrais!*

> *Água quente*
> *Água quente*
> *Dá o cu*
> *Quem vai na frente!*

Os carrinhos de pau improvisados em casa desciam ruidosamente a ladeira de Santo Antônio.
Em junho frio, contávamos os balões no céu. Havia fogos e febres. Champanha de abacaxi em casa. Macarronadas de Madama Paula. Quem deu o cu? De noite. Um primo.

Na primeira viagem que fizemos a Lambari, lembro-me da chegada do trem, no começo da noite, sob um penacho de fagulhas, sobre um barranco de onde, embaixo, se descortinava o Hotel Melo. Desembarcados, minha mãe incumbiu um garção alto de me levar até o parque, onde havia a fonte de água mineral, ainda aberta. A água jazia num poço, em recinto fechado. Atirava-se uma caçamba de prata, a recolhiam e enchiam-se os copos brancos de asas. Foi para mim um deslumbramento.

Nos dias subsequentes, levei meia dúzia de tombos de um cavalo manso e aprendi a montar. Meu pai, na sua velha saudade de mato, levava-me por atalhos, morros e caminhos perdidos, onde havia rastro de onça. Eu me admirava de sua calma e o seguia sem medo. Voltávamos ao hotel. Esplendia Lambari na manhã de cristal. Um carro de bois cantava nas ruas, exprimindo a alma do vilarejo rústico entre hotéis, montanhas e cruzeiros.

Em Caxambu eu encontrava o panorama familiar. Ali tinha ficado o restante de minha gente paterna, os Nogueira de Andrade, de Baependi. Creio que foi o meu quinto avô, Tomé Rodrigues Nogueira do Ó quem emigrou de São Paulo, no século XVIII. Era ele casado com uma Leme, o que me fazia passar para o rol dos descendentes dos vicentinos desembarcados nos primórdios da descoberta. Era assim que eu me incluía entre os paulistas de quatrocentos anos e figurava no volume genealógico do racista Silva Leme.

Tomé Rodrigues fez pequeno bandeirismo pois sua sede de conquista de terras não foi além de Baependi, onde construiu um solar. A família prosperou com grande escravaria negra, sendo que meu avô veio, por circunstâncias já referidas, a se arruinar e deixar o latifúndio.

Tenho uma vaga lembrança de minha avó, seca, velha, de óculos e grande leitora. Aliás, atribui-se a ela a origem de meu nome Oswald sem o *O* final. Ela teria lido *Corinne*, de Mme. de Staël, quase sua contemporânea, o que me parece espantoso no fundo provinciano de Minas Gerais. Apresentado o nome no batizado de meu pai, na igreja de Baependi — a igreja de Nhá

Chica — o vigário teria declarado que aquilo não era nome de gente, exigindo um prenome que foi José. Meu pai ficou sendo José Oswald, tendo minha avó Antônia Eugênia feito questão da inexistência do *o* final.

Nessa culta Minas que vinha da Inconfidência, nem meu pai nem seus irmãos conseguiram estudar. Ainda nos tempos da prosperidade, meu pai fora "tropeiro". Este qualificativo que aqui em São Paulo pouco qualifica, era um adjetivo nobre em Minas. Tropeiro era o senhor moço, filho do latifundiário que conduzia as tropas de burros para negócio, através da serra do Picu, na direção do Rio. Meu pai tomava a si esses encargos feudais, acompanhado de escravos pretos. E nada mais sabia fazer, isto é, fazia versos. Li diversas vezes quadrinhas suas em números antigos e perdidos do jornal *O Baependiano*. Com a desgraça da família, meu avô tentara inutilmente ser hoteleiro, auxiliado por toda a família, em Caxambu, que a cinco quilômetros de Baependi se abria como estação de águas. Contaram-me que o velho chorava humilhado, vendo as filhas servirem a mesa de hóspedes.

Conheci meu avô de barba branca, sem bigodes, nessa época de Caxambu, e soube com espanto que ele não fugira de um cachorro louco, tendo calmamente vindo buscar uma arma em casa para atirá-lo.

O casarão de Caxambu era próximo à estação e dava para abrigar nós todos. Aí falecera meu irmãozinho de dois anos — o Inglesinho.

O ambiente familiar era de saraus. Havia um bisonho tocador de valsas ao piano, chamado Seu Minão, que se fazia rogar. — Ora, Seu Minão, toque! Toque, Seu Minão! Ele torcia o nariz deformado e negativo e era preciso que as moças todas o assaltassem, para vir sentar-se, sorridente e esquálido ao banquinho diante do teclado. Eu tinha primas e primos. Passeávamos no quintal e no bosque da Estação de Águas, na encosta do morro que tendo a forma de um tambor bárbaro — Caxambu — dera o nome à cidade. Uma figura curiosa da família era tio Guilherme, retirado naqueles ermos, depois de agitada mocidade em São Paulo, onde ligado aos meios acadêmicos, fora grande e celebrado boêmio e parece que versificador. Casara com uma francesa, tia Alice, que conheci gorda e velhota, mas devia ter sido elegante e bonita. Nesse assunto, meu tio Guilherme abriu picada para ricos e grã-finos.

Em torno da celebrada visita de Sarah Bernhardt a São Paulo, membros tanto da família materna como da paterna se celebrizaram. Foi meu tio Marcos Dolzani, grande aluno da Faculdade de Direito e depois advogado andejo, o que atribuía a ser "homem de ideias", quem saudou em francês a grande atriz. Tio Guilherme teria sido o rapaz que primeiro invadiu o palco num fim de ato. Em face da artista teria tirado a casaca e de joelhos estirou-se no palco, gritando: — Pise aqui, madame! Nesse momento o pano tornou a subir.

A presença de Deus era um fato, na vida de meus pais. Meu velho pai insistia continuamente sobre as "saídas secretas", a "Providência" e outros dínamos da fé que o tinham acompanhado e salvo nos roteiros da existência tribulosa que tivera. Moço, e estando certa manhã numa canoa, vestido e de botas, enfiou o varejão na barranca e em vez de a embarcação se mover foi ele erguido no ar, onde deu uma viravolta tendo caído de comprido dentro da própria barca. Se caísse fora, adeus Seu Andrade! Evidentemente, nesse momento a Providência piscou para o Destino e o milagre se deu.

Um dos fatos que minha mãe apontava como documento da existência de Deus, deu-se quando solteira e filha de viúvo, foi solicitada para casamento por um rapaz do interior. Esse sujeito apareceu blindado da melhor recomendação que podia ser exibida a meu avô. Um mestre do Direito, amigo íntimo do velho, professor e jurisconsulto, além de tudo chefe de numerosa família, escudava a pretensão.

Minha mãe nem sequer foi ouvida. A evolução dos costumes nestes cinquenta anos, faz que hoje não sejam os pais sequer consultados. Naqueles tempos, era o contrário. Determinava a família e a moça casava sem ver com quem. Assim foi com aquela moça do Norte que se chamava Inês e depois veio a ser minha mãe. Sem conhecimento ou opinião dada, foi amarrada a um desconhecido que no próprio dia do casamento a conduziu à cidadezinha onde morava no interior.

Aí chegada e recebida pela gente do marido, viu este desaparecer depois do jantar. Esperou-o a noite toda no quarto nupcial. Ele não veio nem deu satisfação alguma. No dia seguinte surgiu atarantado, desculpou-se com um caso importante que tinha a resolver e sumiu de novo. A noite se passou como a anterior. A moça mandou um emissário imediatamente ao pai que veio ver o que se passava com o estranho casamento.

Dava-se apenas isto — o homem tinha uma amásia terrível que não lhe permitia consumar o ato conjugal. O velho desembargador trouxe a filha vexada e em lágrimas para São Paulo, passou uma tremenda descompostura no jurisconsulto responsável pelo enlace, mandou que as sumidades médicas locais constatassem a virgindade da filha e munido de documentos rumou pessoalmente para a Europa. Foi atrás da anulação do casamento. Roma examinou o caso e anuiu. Ora, tudo isso se tinha passado graças à intervenção de Deus. Esse Deus que deixara o jurista amigo trair a confiança do velho, deixara que a cerimônia do casamento se realizasse à sua vista na Igreja e apenas não pudera, nos seus recônditos fins, conter os ciúmes assassinos da rústica amásia.

Nessa era pré-ginecológica, o exame promovido pelos honrados mestres da medicina paulista custara à minha mãe três horas de desmaio.

Era essa a santa moral que presidia aos destinos da família e da prole.

Mas Deus existia e acabou-se! Existiam e agiam também os santos. Santo para tudo. Nas trovoadas, Santa Bárbara e São Jerônimo, esse terrível asceta da alta Idade Média. Santa Luzia para o mal dos olhos, Santa Clara contra a meteorologia etc. Quando uma barata surgia no soalho, gritava-se por São Bento. São Bento protegia contra as feras.

Todo esse dicionário do totemismo órfico presidiu e explicou o mundo ante meus olhos infantes.

E estava tudo certo para meus pais que mantinham relações com o infinito. A Providência Divina agia sempre. Por que negar a importância terapêutica de toda religião? E particularmente a da prece? Quando Seu Andrade orava, sentado no grande leito, diante do cheiro do café, nada mais fazia do que haurir forças para a luta áspera de seus dias.

Anunciou-se que São Paulo ia ter bondes elétricos. Os tímidos veículos puxados a burros, que cortavam a morna da cidade provinciana, iam desaparecer para sempre. Não mais veríamos, na descida da ladeira de Santo Antônio, frente à nossa casa, o bonde descer sozinho equilibrado pelo breque do condutor. E o par de burros seguindo depois.

Uma febre de curiosidade tomou as famílias, as casas, os grupos. Como seriam os novos bondes que andavam magicamente, sem impulso exterior? Eu tinha notícia pelo pretinho Lázaro, filho da cozinheira de minha tia, vinda do Rio, que era muito perigoso esse negócio de eletricidade. Quem pusesse os pés nos trilhos ficava ali grudado e seria esmagado fatalmente pelo bonde. Precisava pular.

Uma grande empresa canadense estabelecia-se em São Paulo — a Light. Meu pai, que era vereador, trazia notícias e pormenores do grandioso empreendimento. Construíam uma represa e uma usina na pequena cidade de Parnaíba — por onde antes passávamos na direção do santuário do Bom Jesus de Pirapora.

A Câmara Municipal fora convidada a conhecer os trabalhos da Light. Pronunciava-se "Laite". E uma manhã, Seu Andrade, com seus companheiros de vereança, partiu para ver o que se fazia.

Dona Inês e eu ouvimos no dia seguinte as proezas da excursão. Meu pai contava que atravessara, sem se curvar, por dentro de canos enormes por onde passaria a água represada.

Um mistério esse negócio de eletricidade. Ninguém sabia como era. Caso é que funcionava. Para isso as ruas da pequena São Paulo de 1900 enchiam-se de fios e de postes.

O fato público mexera com a opinião. Havia os favoráveis, os que previam um grande progresso para a capital com a aquisição da energia elétrica. Mas havia também os que cheiravam negociata na vinda de capitais estrangeiros para cá. Não se tratava ainda do capital colonizador, mas já se conhecia alguma coisa da exploração colonial de nossas possibilidades pelos países mais avançados.

— Esses políticos são uns vendidos! Querem é gorjeta!

Eu sabia, de conhecimento próprio, que nem todos os vereadores eram honestos. Pois não havia um colega de meu pai trabalhado a Câmara e conseguido derrubar um projeto do vereador José Oswald, que pretendia doar à cidade um parque a ser construído no morro dos Ingleses? A desapropriação do local magnífico, dando deserto sobre a cidade, custava apenas quatrocentos contos de réis. Todo o morro dos Ingleses. Mas, o pró-homem que se opunha a meu pai era arrendatário, ou sócio, ou empregado da empresa que mantinha o Parque da Água Branca e não queria saber de concorrência. Sacrificava assim os pulmões da cidade obtendo o contra da maioria da Câmara.

Meu pai lutara ardorosamente pelo seu projeto. Mas o homem era de fato importante. Tinha o nome emplacado numa das ruas da cidade. E a Antártica era a Antártica.

Ao povo chegavam esses e outros rumores de interesse pessoal ligado aos cometimentos públicos. De modo que a vinda da Light provocou em muita gente a ideia de que não poderia ser de graça o interesse a ela favorável por parte de muitos camaristas.

Meu pai, desassombradamente, colocara-se ao lado da empresa. A ele que fora um abridor de bairros, que possuíra no "encilhamento" todo o Brás, todo o Cambuci e a Glória, comprando e vendendo imóveis, não escapava o que seria a condução fácil e rápida para o desenvolvimento de São Paulo. E como não tinha rabo de palha, não sentiu hesitação alguma — estava ao lado da Light.

Quando se votou o projeto, a casa da Câmara encheu-se. E muitos vereadores sofreram uma imensa vaia por parte do público. Seu Andrade levantou-se e votou. A favor. Debaixo do maior silêncio dos espectadores.

Isso tudo desdobrava-se em casa com o entusiasmo animoso de D. Inês, de tios, amigos e parentes. — Respeitaram Seu Andrade! Ninguém vaiou!

O projeto aprovado, começaram logo os trabalhos da execução. E anunciaram que numa manhã apareceria o primeiro bonde elétrico. Indicaram-me a atual avenida São João como o local por onde transitaria o veículo espantoso.

Um amigo de casa informava: — O bonde pode andar até a velocidade de nove pontos. Mas, aí é uma disparada dos diabos. Ninguém aguenta. É capaz de saltar dos trilhos! E matar todo o mundo...

A cidade tomou um aspecto de revolução. Todos se locomoviam, procuravam ver. E os mais afoitos queriam ir até à temeridade de entrar no bonde, andar de bonde elétrico!

Naquele dia de estreia ninguém pagava passagem, era de graça. A afluência tornou-se, portanto, enorme.

No Centro agitado, eu desci a ladeira de São João que não era ainda a avenida de hoje. Fiquei na esquina da rua Líbero Badaró, olhando para o largo de São Bento, de onde devia sair a maravilha mecânica.

A tarde caía. Todos reclamavam. Por que não vem?

Anunciava-se que a primeira linha construída era a da Barra Funda. — É pra casa do prefeito! O bonde deixava o largo de São Bento, entrava na rua Líbero, subia a rua São João.

Um murmúrio tomou conta dos ajuntamentos. Lá vinha o bicho! O veículo amarelo e grande ocupou os trilhos no centro da via pública. Um homem de farda azul e boné o conduzia, tendo ao lado um fiscal. Uma alavanca de ferro prendia-o ao fio esticado, no alto. Uma campainha forte tilintava abrindo as alas convergentes do povo. Desceu devagar. Gritavam:

— Cuidado! Vem a nove pontos!

Um italiano dialetal exclamava para o filhinho que puxava pelo braço:

— Lá vem os bonde! Toma cuidado!

O carro lerdo aproximou-se, fez a curva. Estava apinhado de pessoas, sentadas, de pé.

Uma mulher exclamou:

— Ota gente corajosa! Andá nessa geringonça!

Passou. Parou adiante, perto do local onde se abre hoje a avenida Anhangabaú. Houve um tumulto. Acidente?

Não andava mais, gente acorria de todos os lados. Muitos saltavam.

— Rebentaram a trave do lado! Não é nada!

Tiraram a trave quebrada. O veículo encheu-se de novo, continuou mais devagar ainda, precavido.

E ficou pelo ar, ante o povo boquiaberto que rumava para as casas, a atmosfera dos grandes acontecimentos. Nas ruas, os acendedores de lampião passavam com suas varas ao ombro acendendo os acetilenos da iluminação pública.

A Vila Cerqueira César tinha sido aberta pelo esforço de meu pai. Ele a arruara, transformando-a da Chácara Água Branca dos Pinheiros e do Sítio Rio Verde num bairro urbano, onde conseguiu fazer penetrar, nos primeiros quarteirões da rua Teodoro Sampaio, o bonde da Light.

Foi uma festa fabulosa essa, com os sanduíches deliciosos do tempo, de bisnaga e fiambre e mais cerveja e gasosa.

Uma banda de música estrondou na manhã, quando o veículo vermelho apontou nos trilhos virgens, descendo a pequena ladeira no meio do povo que se juntara. Meu pai, de preto e chapéu-coco, tendo ao lado o motorneiro, era quem conduzia o bonde com os seus próprios braços.

Dona Inês olhava do portão da casa do compadre Antenor, à rua São José, atual Oscar Freire, onde armara seu quartel-general, junto à esquina da Teodoro Sampaio.

Num dos regressos a São Paulo, soube que se abrira um grande colégio aristocrático, entregue aos monges beneditinos, rosados alemães, muito mais simpáticos que os mirrados franceses que eram os maristas do Carmo.

Fui em 1903, com treze anos, matriculado no Ginásio de São Bento, onde passei a estudar todas as disciplinas, entregues a professores civis, entre os quais figuravam o peralta Batista Pereira, genro de Rui Barbosa e o Dr. Afonso d'Escragnole Taunay, filho do Visconde de Taunay, autor de *Inocência*, tão horrivelzinha e tão célebre. Inventaram que eu devia estudar música com o Professor Sorriso. Imediatamente pensei em aprender violino. Aliás, numa das cartas que troquei com o generoso espírito de meu tio Inglês de Souza, eu clamara esta frase: — Ah! Meu violino que eu não tenho! Mas na seleção dos componentes da orquestrinha do ginásio, acharam que eu tinha jeito não para violino e sim para viola, que era um instrumento rombudo e sem graça nem lamentos. Isso pôs por terra meus sonhos de virtuose.

Dei-me satisfatoriamente nos primeiros anos do novo ginásio, que logo conquistou fama em São Paulo. Era abade do mosteiro do largo de São Bento, a figura importante de Dom Miguel Kruse que diziam ter-se convertido e tomado o hábito depois de uma grande vida de aventuras no Peru e em outras repúblicas da América do Sul.

O reitor do Ginásio era Dom Pedro Eggerath, gordo, vermelho, ativo e risonho. O ginásio tinha salas amplas e claras que me lembravam o ambiente da Escola Modelo Caetano de Campos. Enfim, era outra coisa estudar ali do que ficar no amontoado de promiscuidade e sujeira do Ginásio do Carmo. Apesar disso, fiquei sendo logo o engraçado da turma e muito embora tenha passado nos exames para o terceiro ano, fui em breve parar entre os últimos da classe.

No quarto ano, produziu-se a crise esperada. Encontrei pela minha frente um professor teutônico, pré-nazista, de peito emproado, purista e autoritário. Sua figura marcial invadira o ginásio e tomara assento em todas as posições. Era professor tanto de português como de alemão ou grego, de geografia e matemática. Chamava-se Carlos Augusto Germano Knuppell e era um produto da Faculdade de Direito, de que fazia os mais elevados elogios. Para ele, ser bacharel pela Escola do Largo de São Francisco traduzia um incalculável penhor de saber e de caráter.

A violência da entrada desse homem na vida docente do ginásio repercutiu mal na minha casa. Meu pai tivera uma questão judicial em que o "Doutor Kinipel" tinha sido patrono do seu adversário. Prevenção minha ou não, verifiquei que o homem me olhava duramente e mais duramente ainda me tratava. Vi-me logo condenado a repetir o quarto ano, ameaça que ele fez abertamente em classe. Seria de fato difícil a promoção de quem caísse no seu desagrado, pois ele lecionava em pessoa a maioria das disciplinas e substituía com facilidade todos os lentes. Diziam que era um grande tomador de café e embirrava supinamente com a sujeira de meus dedos e a desordem dos meus cabelos. Aproximando-se os exames do fim de ano, meu duelo desigual com o "Doutor Kinipel" atingiu o auge. Ele tinha nas mãos possantes e hostis quase todas as bancas. O primeiro exame em que eu o defrontei foi o de Corografia do Brasil, de que ele era catedrático. Durante o ano todo nos ensinou a decorar nomes de cidades, lagos, montanhas e rios, pouco interesse mostrando por qualquer ideia de cartografia. Os mapas fugiam de suas aulas secas. Foi tal o esforço decorador que eu fiz a fim de apaziguar o monstro, que até hoje minha memória guarda em ordem alfabética o nome das cidades do estado do Pará: Alenquer, Bragança, Breves, Cametá, Cintra, Gurupá etc...

Na hora em que eu ia ser oferecido em sacrifício à ferocidade do professor, a sala de exame se encheu de colegas. Todo mundo queria assistir ao sádico espetáculo. Tirei o ponto "Portos de Segunda Ordem".

Sentei-me aterrado diante da banca onde ladeavam o catedrático os professores: Batista Pereira e Câmara Lopes. Procurava lembrar-me dos nomes em ordem alfabética dos portos de segunda ordem, quando "Kinipel" gritou:

— Não senhor, não quero nada de cor! O senhor vai realizar uma viagem estranha! Vai subir num navio num porto do estado do Rio Grande do Sul e desembarcar na Bahia. Exijo apenas uma condição para aprová-lo: que não entre nesse percurso em nenhum porto de primeira ordem. Vamos!

Comecei timidamente por Torres, toquei em Florianópolis que apesar de ser capital do estado de Santa Catarina era um porto de segunda ordem. Esbarrei em Paranaguá e penetrei em águas de meu estado, o estado de São Paulo — Iguape, Cananeia. Ia inevitavelmente entrar em Santos, mas, me retirei a tempo. Passei para São Sebastião, Ubatuba, Paraty, e não achando meio, na minha pobre e mal exercitada memória cartográfica, onde pôr o pé, exclamei: — Rio de Janeiro!

Foi uma gargalhada geral. Era o que ele esperava. Gritou:

— Rio de Janeiro! A capital da República, porto de segunda ordem! Vou expulsá-lo da banca!

Mais morto do que vivo, eu respondi:

— Desci para ir de barca a Niterói!

O estrépito da classe atingiu o delírio. Vermelho, "Kinipel" gesticulava:

— Ponha-se daqui!

Os dois outros lentes riam, gozando. A classe levantara-se e tomara conta de mim, erguendo-me nos braços e levando-me assim em triunfo pelos corredores do ginásio.

Acabara o exame e um monte de meninos acumulou-se ante a porta fechada, onde se produzia a classificação das notas. Eu me acoitara a um canto, sem nenhuma esperança. A porta abriu-se, leram-se os nomes, o meu vinha no fim. Eu tinha sido aprovado, simplesmente, grau 1. "Contra o voto do professor da cadeira."

Houve uma modificação que se tornara necessária nos quadros docentes do Ginásio de São Bento, nesse bom ano de 1906, quando, reprovado em mais de uma cadeira, fui obrigado a repetir o quarto. Saiu "Kinipel", com desafogo de todo o colégio, e entraram diversos professores novos, dentre os quais duas figuras de exceção: João Ladislau Péter que vinha lecionar latim, grego e alemão, e o português exilado Gervásio de Araújo que vinha reger a cadeira de literatura e ensinar-nos nossa língua. O primeiro era comprido e calvo e usava óculos dourados, o segundo, grosso e baixote sob uma desgrenhada cabeleira grisalha. Talvez porque eu repetisse, tornei-me um dos melhores da pequenina classe que, se não me engano, tinha apenas nove alunos.

A minha turma inicial, a que entrara em 1903 no segundo ano, pulou para adiante, levando meus primeiros amores platônicos do colégio. Umas nádegas redondas e plasticamente perfeitas, costumavam ingenuamente levantar-se em minha frente, sob calças colantes e curtas. Era Adolfo, o melhor aluno da turma, que diziam vestir roupas vindas da Inglaterra. De fato, seus ternos esportivos tinham gosto diverso dos nossos, eram de excelente linho, de diversas cores e revelavam grossas e perfeitas pernas morenas. Surpreendi-me amando esse filho de um líder católico, riquíssimo, que morava num palacete em Higienópolis e era diretor da Companhia Paulista de Estradas de Ferro. Pertencendo a uma velha família católica que daria depois um bispo, Adolfo não admitia a menor brincadeira e quem o bolinasse levava uma boa unhada, além da queixa ao diretor. Era uma ferinha elástica e valente. Os gabirus da classe, o italianinho Ponzini, a figura desregrada de Lúcio Veiga Filho e eu nunca tivemos futuro com Adolfo. Mesmo os padres, entre os quais o reitor que passava por fanchono, parece que nunca ousaram cantá-lo. O mesmo não se dava com outra beldade do colégio, Francisco de Paula, que se tornou um dos homens mais feios do século. Gordinho, corado, este era sensível aos agrados, mas insinuado por mim, deu uma bofetada pública num bolinador. Apesar de ele manter acesas minhas primeiras esperanças machas, nunca consegui levá-lo para um passeio solitário ao Ipiranga ou à Penha. Ficava tudo em promessa. Melhor sucedido nessas aventuras, dizia ser o tipo gozado da classe, o que vinha trazendo em suas maneiras de agir o tom utilitário das transformações da época. Bem cedo João Ítalo Chile Brasil Ponzini ensinou aos colegas o que era o valor positivo do dinheiro. A chave de seu êxito era ser filho de um vendeiro da rua Líbero Badaró. Aproveitando as distrações paternas, avançava no dinheiro da gaveta que escandalosamente exibia em classe, oferecendo sorvetes de carrocinha e sanduíches de mortadela que o mulato

Seu Mimi preparava e vendia num pequeno bar próximo. Gabou-se um dia de ter levado de bonde até o Ipiranga o polpudo Francisco de Paula. Não o enchemos de pancada, graças ao prestígio de suas moedas. Ponzini era filho de italiano e chilena e nasceu no Brasil. Daí o seu estrambótico nome, precedido do pacífico João.

Com ele a corrupção ganhava minha classe. Moedas tilintavam no seu bolso. Até notas apareciam. Tanto os meninos modestos do Brás ou do Bexiga como os verdes brotos da raça quadricentenária de gigantes voltavam as caras ansiadas. — Paga um sorvete! Uma sanduíche de mortandela?

Na manhã de uma segunda-feira Ponzini gabou-se de ter conduzido até o Ipiranga as gordurinhas invejadas de Francisco de Paula. Urdi uma intriga danada. Disse ao visado: — Você só se reabilita se der uma bofetada no Ponzini. Insisti tanto e Ponzini tanto se gabou que levou afinal o tapa na cara. Um gozo para a classe.

Mas os métodos capitalistas de persuasão continuaram a fazer de Ponzini um devastador das virtudes que nos tinham criado.

João Ítalo Chile Brasil Ponzini movimentava-se, pequeno, ágil, sardento, sob uma casquete marrom desmesurada.

Era a mentalidade bancária que irrompia em nossa moral, quebrando valores que supúnhamos eternos.

— Ítalo, você me paga uma gasosa?

— Depois da aula. Mas me chama de João!

Detinha tudo em suas mãos — a cola, a cumplicidade e o reto dos colegas bonitos.

Ao descer a rua Líbero na direção de casa, após as aulas, eu fazia parada habitual na venda do pai de Ponzini. Era um ambiente popular e curioso, frequentado pelo femeeiro que habitava a rua estreita, de ambos os lados. É sabido que antes do alargamento da rua Líbero Badaró, devido a um projeto de meu pai vereador, era ela uma angusta passagem do Centro de São Paulo que levava do fim da rua José Bonifácio ao largo de São Bento. Nessa viela central, concentrava-se o mulherio da vida que permanecia, da tarde à noite, seminu e apelativo nas janelas e nas portas abertas a qualquer um. Na venda do Ponzini, travei relações com mais de uma prostituta, sobretudo com uma caftina gorda e maternal chamada Olga, que se sentava comigo em torno de uma mesa. Mas não foi aí que perdi minha virgindade, cautelosamente vigiada por mamãe. Conversava com a mãe chilena e o pai italiano do curioso colega. Com este e alguns amigos rústicos, fui convidado uma vez a assistir num teatro à fita *Robinson Crusoé*. Eu conhecia mais ou menos a história desse chatíssimo náufrago clássico e por isso fiquei suspenso e encabulado quando, antes de sairmos para a matinê, ouvi comentários do pai do Ponzini e de seus amigos operários sobre o assunto do filme, tendo um deles opinado que devia se tratar da história de um inventor de máquinas chamado Robinson. Ponzini, que se tornara meu amigo, facilitava-me a vida pagando gulodices e teatros. Foi ele quem me deu o cincão necessário para assistir de galinheiro a um espetáculo de Sarah Bernhardt, de novo em São Paulo. Fiquei diante dela inteiramente incompreensivo e neutro. Ela exibiu-se no palco do velho Politeama de zinco, existente na rua São João perto da Formosa. Diziam que Sarah era tão velha que não se mexia na cena para não cair aos pedaços. Depois conduziam-na num carrinho para o camarim. Não era tanto assim.

    Aí nesse velho barracão de diversões eu tivera, levado por meus primos Marcos e Wolgrand, uma curiosa fase de café-concerto, o qual exibia coxas, nádegas e seios de francesas e polacas, na música ligeira do maestro Cianciarulo. Me interessavam muito mais as operetas duma companhia italiana de que era estrela Giselda Morozini, por quem me apaixonei de longe.

Frequentava vagamente o cinema, de que tivera conhecimento em criança, indo assistir com meus pais, numa sala da rua Quinze de Novembro, a um filme natural. Chamavam aquilo de "fotografia animada" e causava sensação o espirrar da água que parecia vir sobre a plateia. O cinema Biju existia ao lado do Politeama. Depois, foi a época do Íris na rua Quinze e do Royal que precedeu o República, já então de grande público.

O professor Gervásio de Araújo veio decidir da minha vida intelectual. Talvez deva realmente a ele ser escritor.

Encaminhado como estava em seguir as pegadas de meu tio Herculano, eu me senti caladamente ofendido quando vi que minhas composições escolares sobre incêndios, tempestades e taperas não causavam o menor efeito em meu professor de português, Batista Pereira. Ao contrário, me dava notas baixas e exaltava em classe o nome de um colega — Pedro de Alcântara Lopes e Silva. Batista Pereira fazia um espalhafato com o tal de Pedro, profetizando para ele até uma cadeira na Academia Brasileira de Letras. Isso caía pesadamente sobre mim e meus anseios. Agora mudados a classe e o professor, ouvi com surpresa calorosas referências ao meu nome pela boca do velho Gervásio de Araújo. Ele declarava, mostrando as minhas composições, que eu possuía uma decidida vocação literária e que, como escritor, saberia honrar meu país. Tomado de estímulo, ampliei minha intimidade com o professor que me aconselhou logo a ler *Os miseráveis*, de Victor Hugo. Isso, aliás, bateu na tecla íntima que eu alimentava em relação à questão social. Comecei a fazer minha tímida biblioteca, onde coloquei um volume de Júlio Diniz intitulado *Uma família inglesa*, que aliás nunca li. Meu pai passando uma época de restrições teve, no entanto, que atender aos rogos de minha mãe que apontava a necessidade de eu ler para vir a escrever. Breve estava comprando na grande livraria da cidade, que era a Casa Garraux, na rua Quinze. Enveredei por tragédias gregas, peças de Shakespeare e Maeterlinck. Foi aí que conheci, menino de loja, vivo, moreno, de negros cabelos, meu amigo e editor José Olympio.

Por outro lado, tendo atingido os quinze anos, descobri fora do Ginásio os primeiros amigos intelectuais. Foi meu guia espiritual nesse momento, o estudante boêmio Indalécio de Aguiar que me apresentou o poeta Ricardo Gonçalves, moreno, bonito, de capa ao ombro. Indalécio tinha a originalidade de ser surdo e usar barba. Com alguns outros, reuníamo-nos à noite num bar amplo e popular do largo da Sé. Deixávamos de lado o "Progrédior", vasto e elegante local que se abria na rua Quinze, para onde passara, ampliando-se, a freguesia distinta da antiga Confeitaria Castelões, na praça Antônio Prado, que se chamava então largo do Rosário.

Indalécio me levou para a primeira crise religiosa que conheci. Me deu para ler *A relíquia* de Eça de Queirós e breve estava comendo com ele bons e sangrentos bifes num restaurante italiano, em plena Sexta-Feira Santa. Crise de catolicismo mais do que de religião, pois tendo da Igreja a pior ideia, nunca deixei de manter em mim um profundo sentimento religioso, de que nunca tentei me libertar. A isso chamo eu hoje sentimento órfico. Penso que é uma dimensão do homem. Que dele ninguém foge e que não se conhece tribo indígena ou povo civilizado que não pague este tributo ao mundo subterrâneo em que o homem mergulha. A religião existe como sentimento inato que através do tempo e do local toma essa ou aquela orientação, este ou aquele compromisso ideológico e confessional, podendo também não assumir nenhum e transferir-se numa operação freudiana. O Positivismo fez disso uma experiência definitiva. Augusto Comte, com todo o rigor materialista e matemático de suas convicções, acabou místico e metafísico como qualquer Papa. Em vez de sacrificar à Nossa Senhora de Lourdes, sacrificou à Clotilde de Vaux. A esse instinto que é impossível deslocar do homem chamo, como já disse, de sentimento órfico. Hoje a política, a cena, o esporte também criam divinizações e mitos. Vide Lênin, Mussolini, Hitler, Stálin, os futebolistas, as estrelas. Apenas, os homens querem ver de perto seus deuses.

A quantidade e a qualidade do órfico católico que me ofereceram foram fracas e sobretudo mal escudadas pela apologética cristã e por sua absurda e hipócrita moral. Desde cedo me entrou pelos olhos a incapacidade da transformação do homem pelo cristianismo ou de sua ação regeneradora. O número de rezadores pecaminosos e de padres sujos era demasiado para poder iludir mesmo minha desprevenida adolescência. Aliás, os sacrifícios exigidos por mamãe, a abstinência de carne, terços inteiros rezados de joelho, guardas chatíssimas de Santíssimo, tudo acrescentava à antipatia por aquele culto cheio de sermões horrorosos, missas maçantes e confissões paliativas.

Além de Indalécio, foram meus amigos iniciais, vizinhos da mesma idade, o Francisquinho, filho de um monarquista tenebroso que se chamava Dinamérico Rangel e recusara o pagamento de sua aposentadoria pela República e vivia por isso em grandes dificuldades, com uma penca de filhos, o atlético Fernando Castelo e o normalista Osvaldo Pinheiro que apelidávamos de "pintor", profissão que de fato adotou. O "pintor" teve grande influência sobre meus rumos, pois, como artista, pretendia viver em Paris, para cujos ambientes de boêmia e de estesia, cedo me chamou a atenção.

No colégio, prosseguiram meus triunfos em literatura. Era agora, ao contrário dos primeiros tempos, um dos melhores alunos da turma. Uma experiência de teatro, tentada nas festas de fim de ano, constituiu um novo fracasso e me fez compreender que devia abandonar qualquer pretensão de palco.

    Indalécio de Aguiar me apresentou, como referi, à sua roda de literatos, que tinha como centro a figura romântica do poeta acadêmico Ricardo Gonçalves. No bar rústico da praça da Sé, ouvi, pela primeira vez, versos bons. Entre outros poemas, o "Sagramour" de Eugênio de Castro. Nessa roda brilhava Artidoro Flexa, Raul de Freitas e outros que tinham frequentado o "Minarete" de Monteiro Lobato. Flexa me vendeu alguns livros e me fez conhecer Nietzsche e Dostoiévski.

    Foi nessa ocasião que nos havíamos mudado para outra casa da mesma rua de Santo Antônio, esta embaixo, na esquina da rua João Adolfo. Como sempre, eu iniciava a mudança, cheio do meu sentimento órfico. Antes dos móveis, saía com as criadas levando numa das mãos a custódia de prata e na outra o pão e o sal.

    Nessa ocasião meu pai estava realizando a sua única experiência política como vereador municipal. Isso acontecera devido a um convite do líder Cerqueira César, o que originara ter dado ele, em sinal de gratidão, o seu nome aos terrenos que arruara. A eleição de meu pai coincidiu com o primeiro triênio da administração do Conselheiro Antônio Prado como prefeito. Foi um período decisivo de transformação da cidade. Durante três triênios renova-se a eleição de meu pai, sempre ao lado do Conselheiro do Império que agora prestava seus serviços à São Paulo republicana.

    Entre os projetos executados pela iniciativa de meu pai, ficaram o alargamento da rua Líbero Badaró que era uma viela de mulheres públicas e o da construção do viaduto de Santa Ifigênia. Participou também da criação do Teatro Municipal.

    Depois de três triênios, o vereador José Oswald foi derrotado. A cidade transformava-se. O Conselheiro Antônio Prado retirara-se e agora a política era dirigida por Alcântara Machado. Conheci a seu lado um meninão de óculos que veio a ser o escritor António de

Alcântara Machado. Retirou-se então ele para a vida do lar, apenas realizando as vendas de terrenos da Vila Cerqueira César.

Na roda noturna de Indalécio e Ricardo Gonçalves travei relações com o anarquismo, vindo a conhecer o agitador Oreste Ristori, depois meu amigo.

Deixei de ser o orador de minha turma por desavença com colegas, tendo recusado minha eleição.

No sexto ano do Ginásio, o último, vim a conhecer o professor de Lógica e Filosofia, Monsenhor Sentroul, que dava aulas interessantes e cultas.

Prossegui seu aluno na Faculdade de Filosofia de São Bento, onde identifiquei, ríspido e frio, o futuro professor Alexandre Correia.

Meu tio Chico, sempre desempenado, me encontrou numa rua do Centro e deu-me duzentos mil-réis que naquele tempo eram uma fortuna. Fui imediatamente comprar livros. Logo depois, partindo em viagem para a Europa, me perguntou o que queria que me trouxesse de lá. Falo-lhe na obra de Anatole France, meio encabulado do exagero do pedido. Ele me traz inteira, numa edição amarela. São vinte volumes do *Mercure de France*.

O meu complexo de rebeldia se alenta com o conto social *Crainquebille*. Não vou com o *Lys Rouge*. Gosto de *Rôtisserie de la Reine Pedauque*. Ao mesmo tempo descobrira, não sei como, Octave Mirbeau. O *Jardin des Suplices*, crônica da China antropofágica, me obceca.

Tenho em minha biblioteca Machado de Assis e Euclides da Cunha, cuja trágica morte acompanhei pelos jornais. Prefiro Fialho de Almeida ao límpido Eça de Queirós.

Uma vez formado no ginásio, penetrei no jornalismo. Nos primeiros meses de 1909 fui admitido, a pedido de meu pai, na redação do *Diário Popular*. Ganhava sessenta mil-réis por mês que religiosamente gastava em presentes a meus pais.

O ambiente de jornal era o mais antagônico e oposto ao de minha casa. Entrecruzavam-se ali imoralidades e palavrões e o secretário do jornal, um português de bigodes, contou-me logo que estivera atacado de sífilis, a ponto de seus dedos esguicharem pus como bisnagas.

Além do velho Lisboa que fundara o jornal, havia, bem-posto e de barba, seu filho Lisboa Júnior que contava continuamente farras de Paris.

— Pois uma noite a cançonetista afirmou que tinha o cu cor-de-rosa. E mostrou a todos. Tinha mesmo!

Não era essa a Paris que me atraía.

Numa viagem ao Paraná e Santa Catarina que fez o presidente da República, Afonso Pena, fui como representante do jornal, daí resultando os meus primeiros artigos publicados, sob o título "Penando".

Fui matricular-me, em março, no primeiro ano da Faculdade de Direito do Largo de São Francisco e aí tive uma das piores decepções de minha mocidade. Os veteranos cercaram a mim e a meu colega Inácio Tamandaré Uchoa aos gritos: — Bicho! Dança, bicho! E fazendo-nos enfiar as calças por debaixo das meias, nos obrigaram a executar evoluções imbecis. Eu trazia outra ideia da Faculdade. Ela dera três grandes poetas ao Brasil. Castro Alves, Fagundes Varela, Álvares de Azevedo. Era a escola de Ricardo Gonçalves e Indalécio de Aguiar. A valentona imbecilidade daquele grupo do trote criou em mim verdadeira alergia por tudo que se processe "debaixo das Arcadas". Daí talvez se originasse minha briga com os estudantes, quando redigi *O Homem do Povo*, em 1931. Apesar de todas as oficiais reconciliações e palinódias, guardo um íntimo horror pela mentalidade da nossa escola de Direito. Por instinto e depois conscientemente, sempre repeli esse Direito ali ensinado para engrossar a filosofia do roubo que caracteriza o capitalismo. Aliás, já nesse tempo eu me declarava anarquista.

À noite, depois do espetáculo a que me obrigava a crítica teatral, eu me encontrava com Osvaldo Pinheiro, com quem subia a ladeira de São João, até o largo do Paissandu, onde comíamos pizza napolitana. Bebíamos bom vinho por pouco preço. Isso veio pôr paradeiro às pretensões de minha mãe que queria que, mesmo à meia-noite, depois do espetáculo, eu trouxesse meus amigos para cear em casa.

Aluguei com o pintor um atelier no prédio da esquina de Dr. Falcão que dava sobre o valdelírios do Anhangabaú. As estátuas que coroam o Municipal erguiam para nós os braços escuros sobre o poente vermelho em gestos parados de apoteose, falando-nos de glória.

Comoveu-me um caso passado com uma atrizinha francesa de uma troupe de mulheres que trabalhava no Politeama. Soube que o empresário a esbofeteara. Fui levar-lhe a minha solidariedade num quarto de pensão que ela habitava no largo do Paissandu, mas não perdi a compostura e nada se passou.

A Faculdade de Direito, com sua bucha visível, para onde me vi forçado a entrar por um equívoco de colega, com seus lentes idiotas, seus velhos alunos cretinos, sua tradição de miserável atraso colonial, me provocava o mais justo dos desprezos. Eu tinha, muito superior, minha roda que partilhava entre Indalécio e seus amigos e o artista Osvaldo Pinheiro. Indalécio não sabia escrever mas fazia terríveis improvisações. Assim foi que criou "O dia dos anos de Deus", uma festa gozadíssima no céu. Fazia parte das comemorações uma conferência de que se incumbiria o próprio Jesus. Ao que, cultivando suas rivalidades, Santo Tomás de Aquino teria objetado que aquilo não era direito, pois ligavam Cristo ao Padre Eterno laços de consanguinidade. Jesus num gesto de mau humor teria dito: — Ora, Tomás! Você com essa porra de filosofia!

Nas noites de casa da rua de Santo Antônio, tive confirmação das novidades sexuais que me trouxera o copeiro João Justino da Conceição. Evangelina talvez não fosse bonita, mas era moça. Uma vez, vencendo resistências, a convenci de que devia me mostrar as pernas. Tratava-se da filha da cozinheira, mulata aça, bem nutrida. As calças das mulheres nesse tempo desciam até o meio das coxas. Ela tendo erguido a saia toda, verifiquei a existência do líquido grosso que brotava de meu sexo excitado. Continuava, no entanto, virgem, não tendo nenhuma vocação para entrar num bordel. Na venda do pai do Ponzini, conheci fêmeas francesas, polacas, italianas. Mas nada tive com nenhuma. Aos vinte anos fiz a primeira barba, levado por meu pai, no Salão América, em frente à igreja de Santo Antônio, onde hoje se abre a praça do Patriarca.

Foi nessa época que, pela primeira vez, fui de trem diurno até o Rio de Janeiro. Hospedei-me no palacete da rua São Clemente, onde faustosamente morava meu tio, o escritor Herculano Marcos Inglês de Souza. Senti que fazia um papel meio pança junto daquelas primas desembaraçadas e bonitas e daqueles primos bem-postos que tanta coisa sabiam. Ofereci uma frisa à família para que fosse assistir ao *Otelo* pelo ator siciliano Giovanni Grasso. Como crítico teatral do *Diário Popular*, eu assistira à estreia entre nós da opereta vienense, de que a *Viúva alegre* e o *Sonho de valsa* faziam furor. Conheci pessoalmente a grande atriz de música ligeira, Mia Weber, estrela de Viena. E passei a frequentar as celebridades mundiais que pisavam nosso palco. Giovanni Grasso fazia Indalécio exclamar: — É um jequitibá que desaba! Em companhia dele desci até Santos, me impressionando com a cidade de ruas estreitas, o cheiro de café, os armazéns das docas e os navios parados no porto. Aí cometi uma primeira traição ao afago materno. Tendo descido com a troupe no dia de Natal, tomei um pifão e acabei perdendo o último trem para São Paulo. Dormi numa pensão, de cuja janela se avistava um campanário de ladrilho com um galo de ferro na ponta.

Minha mãe mostrou-se sempre compreensiva e generosa com essa e outras falhas de meu comportamento.

No Rio, assisti à primeira revolução política que o Brasil teve neste século — a do marinheiro João Cândido.

O Marechal Hermes da Fonseca tinha assumido a presidência da República num ambiente de grande hostilidade. Era um joguete mais ou menos cretino nas mãos do caudilho sulista Pinheiro Machado. Foi quando se esboçou a luta civilista encabeçada pela figura de Rui Barbosa.

Uma noite, eu tendo me demorado numa pensão do Centro, em visita aos artistas de Giovanni Grasso, senti, na madrugada que começava, um movimento desusado na rua, onde passou a trote um piquete de cavalaria. A estranheza do fato cresceu quando ouvi falar a palavra revolução entre gente que se juntava nas esquinas.

Revolução? Coisa assombrosa para a sede de emoção e conhecimento de minha mocidade. Indaguei como se passava o caso e apontaram-me o mar. Apressei-me em alcançar o começo da avenida Central, hoje Rio Branco, no local onde se abre a praça Paris. Aproximei-me do cais e entre sinais verdes e vermelhos, escutei um prolongado soluço de sereia. Aquele grito lúgubre no mar escuro me dava a exata medida da subversão. Que seria?

Fui beirando a enseada escura na direção dos jardins da Glória. Ninguém no cais. Mas, automóveis voavam. De vez em quando passava um troço de soldados de cavalaria. Resolvi recostar-me num banco e esperar o alvorecer para ver o que sucederia. Adormeci. Alguém acordou-me, sacudindo-me bruscamente: — Olha o guarda! Era provavelmente um ladrão que me tomava por colega. Adormeci de novo. Acordei em meio duma maravilhosa aurora de verão. A baía esplendia com seus morros e enseadas. Seriam talvez quatro horas da manhã. E vi imediatamente na baía, frente a mim, navios de guerra, todos em aço, que se dirigiam em fila para a saída do porto. Reconheci o encouraçado *Minas Gerais* que abria a marcha. Seguiam-no o *São Paulo* e mais outro. E todos ostentavam, numa verga do mastro dianteiro, uma pequenina bandeira triangular vermelha. Eu estava diante da revolução. Seria toda revolução uma aurora?

Um grupo de peixeiros passava na avenida Beira-Mar, quando de repente, vi acender-se um ponto no costado do *Minas* e um estrondo ecoou perto de mim, acordando a cidade. Novo ponto de fogo, novo estrondo. Um estilhaço de granada bateu perto, num poste da Light. Os peixeiros deixaram cair seus cestos de mercadoria e vieram acoitar-se correndo, atrás de uma das estátuas do Comércio e da Indústria que monumentalizam os jardins da Glória. Eu também corri para aquele lado a fim de me esconder. Espiando por detrás da estátua, vi que o bombardeio continuava, acordando a cidade. Era terrível o segundo que mediava entre o ponto aceso no canhão e o estrondo do disparo. Meus olhos faziam linha reta com a boca de fogo que atirava. Naquele minuto-século, esperava me ver soterrado, pois parecia ser eu a própria mira do bombardeio. Quis convencer meus companheiros de refúgio a fugir, encosta acima na direção da igrejinha da Glória. Um só, um rapaz de tamancos saiu em minha frente. Acompanhei-o na corrida, varamos uma residência fechada onde uma moça correu para nos barrar a passagem — Aqui não é asilo! — Mas é a revolução! Entramos, saímos pelo quintal.

Quando o bombardeio cessou, saindo os navios em direção do mar largo, eu desci para o Rio que intempestivamente acordara. E tomei uma condução para a casa de meu tio. Ainda estavam todos dormindo, mas eu trazia uma notícia importante demais para não ser conhecida. Acordei meu primo Seu Paulo e daí a algum tempo narrava a tio Herculano, em *robe de chambre*, os acontecimentos a que havia assistido. Trocamos opiniões sobre o que sucedia. Tratava-se da explosão de ódios longamente alimentada contra a ditadura do caudilho Pinheiro Machado, agora reforçada pelo empossamento do Marechal Hermes na presidência da República. Depois do almoço, fui assistir, no Congresso, à sessão onde se discutiria a anistia aos rebeldes, condição imposta para se renderem e pacificarem.

Presenciei a atuação do Deputado Irineu Machado a favor dos marinheiros. Outros parlamentares os atacavam. Eles tinham espedaçado a machadinha o comandante do *Minas*, Almirante Batista das Neves, que havia tentado sozinho abafar a sublevação, penetrando no navio capitânia. Isso trazia como fundo de cena a questão da disciplina e da alimentação fornecida aos marinheiros. Era contra a chibata e a carne podre que se levantavam os soldados do mar. O seu chefe, o negro João Cândido, imediatamente guindado ao posto de almirante, tinha se revelado um hábil condutor de navios. Quando mais tarde assisti à exibição do filme soviético *Encouraçado Potemkin*, vi como se ligavam às mesmas reivindicações os marujos russos e brasileiros.

A resistência do chamado civilismo contra a prepotência militar e política que se inaugurava com a ditadura disfarçada de Pinheiro Machado, vinha iniciar uma série de revoluções e revoltas que culminaram na de 1930, onde outro gaúcho, Getúlio Vargas, vinha inaugurar uma outra ditadura, mas de novo feitio.

A revolta de 1910 teve o mais infame dos desfechos. Foi solenemente votada pelo Congresso a anistia aos rebeldes, mas uma vez entregues e presos, foram eles quase todos massacrados e mortos. Escapou o "Almirante" João Cândido e quando, na década de 30, o jornalista Aporelli tentou publicar uma crônica do feito foi miseravelmente assaltado por oficiais da nossa Marinha de Guerra que o deixaram nu e surrado numa rua de Copacabana.

Apesar das violências do governo, engrossava de todo lado o desgosto contra os métodos e propósitos hermistas. Em minha casa, em meu meio, veio também repercutir o ódio contra Pinheiro Machado. No Rio, na própria madrugada da revolução, eu senti não estar ligado aos marinheiros rebeldes cujas intenções e propósitos desconhecia, mas que me exaltavam pelo espetáculo de sua coragem e desobediência. Com meus vinte anos febris, sei lá a que ponto teria intervindo, se pudesse, na eclosão da revolta. Meu lugar, eu sentia, não era positivamente aquele de fugitivo das primeiras balas rebeldes, sobrinho pacífico de titio Inglês de Souza e namorado de uma pequena atriz da Companhia Giovanni Grasso. Incriminava-me em monólogos terríveis, por não estar à testa da revolução em que sentia uma luta justa e heroica. Mas, ignorando tudo que se passava e completamente alheio à política nacional, lembrei-me que, dessa vez, não tinha trazido a flauta.

A flauta, arranjei-a logo depois. Foi o semanário paulista *O Pirralho*, que fundei e dirigi sob a égide financeira de meu pai. Mamãe, com sua imaginação amazônica, pôs lenha na fogueira. Tendo um caricaturista de primeira ordem, Voltolino, e ligando-me a um grupo de "literatos" lancei o semanário com êxito. *O Pirralho* teve sua redação à rua Quinze de Novembro, 50B, sobrado. Era uma simples sala ao fundo de um corredor, para onde minha mãe fizera transferir uma escrivaninha, um sofá e parte das cadeiras de casa. Em torno do *Pirralho*, juntou-se uma súcia de poetas, escritores e jornalistas improvisados, entre os quais apareceram Paulo Setúbal e um mulato, Benedito de Andrade, que se dava ao luxo de usar o apelido de Baby, pronunciado em português: Babi. Esse mulato, espadaúdo, forte e cabotino, diziam ser um bastardo da família Sousa Queirós, filho de cozinheira e patrão. Era um analfabeto absoluto mas senhor também duma suficiência absoluta. Apareceu logo ele com originais de uma crônica esportiva que, corrigidos por mim, publiquei na revista. Passou a ser o nosso cronista esportivo. Aliás, dedicava-se aos esportes, sendo mesmo apelidado de "Maratona", pois tomara parte numa corrida da cidade.

Aos vinte anos eu tivera minha iniciação sexual com duas hóspedes de minha própria casa. Eram elas a senhora de um engenheiro que dele se separara, ficando sem eira nem beira, e outra, Guiomar, muito moça, que brigara também com o marido e trazia consigo uma filhinha de dois anos. Minha mãe, se pudesse, acoitaria em casa não só essas duas criaturas, mas todos os destroçados da Terra.

Antes disso, eu tivera uma curiosa revelação. Tendo apalpado junto a uma janela uma criadinha mulata que não teria mais que catorze anos, ela se retirou para seu quarto. Fui atrás e encontrei-a deitada, com a saia completamente erguida. Tinha tirado a calça branca de algodão.

A mulher do engenheiro era mais feia que qualquer demônio da história ou da lenda. Tinha para lá de quarenta anos. Era magra, óssea, desdentada. Uma noite, por causa de uma barata que ela viera ajudar a matar no meu quarto, senti num aperto que ela tinha um ardor de vinte anos. A primeira oportunidade que tive de me achar com ela sozinho em casa, procurei-a em sua cama, onde ela dizia estar adoentada. Senti-me tocado. Ela mostrou-me que tinha uma toalha dobrada entre as coxas e apossou-se de meu sexo, praticando o que os romanos chamavam de *felatio*. Foi tão desagradável a sensação que tive que logo retirei o membro dolorido.

O caso com Guiomar foi diverso. Eu me levantara muito cedo e percebi que ela estava acordada com a filhinha. Penetrei no cômodo de tabique onde ela se achava e atraquei-a. Ela sentara-se no pequeno leito, desnudada, linda, de camisa e cabelos soltos. Vi que estava sem calças. Eu não sabia bem o que fazer. Procurei abrir-lhe as coxas mesmo sentada e insinuar-me. Ela disse: — Você quer? Então espera um pouco!

Colocou a criança aos pés do leito e deitou-se abrindo as pernas redondas e alvas, por sobre as quais me deitei. Foi um segundo maravilhoso. Ela exclamou: — Parece um galo!

Encontrei-me ainda uma vez com Guiomar que possuí num quarto fora de casa. Mas, com a mulher histérica do engenheiro nunca mais tive contato. Diversas vezes no silêncio noturno de casa, me encostei no corpo ofegante de nossa cozinheira negra que era moça e se chamava Júlia. Ela murmurava me abraçando: — É gostoso! Caí afinal num bordel da rua Líbero. Procurava, porém, dourar sempre de romantismo minhas visitas noturnas e rápidas. E muito me desgostei quando uma mulher que se desnudara no leito exclamou para mim: — Não precisa de tirar as botinas!

Nenhuma experiência tive, no entanto, de doenças venéreas. Por pura sorte. Pois tinha me atirado às "fêmeas" como todos os rapazes de minha geração. Muitos deles vi se orgulharem de um cancro duro — pura sífilis. Era um atestado de virilidade pegar uma boa gonorreia.

Se escapei disso tudo, no entanto, tive chatos. Hoje o vocabulário bem-educado absorveu esse termo que naqueles tempos significava uns incômodos piolhos sexuais que se espalhavam por todo o corpo. Dava trabalho liquidar essa invasão de bichos coçadores com pomada mercurial e grandes banhos. Tudo em segredo. Pois a vida amorosa de minha adolescência tinha que estancar diante do ideal punheteiro de São Luís. Tudo que era natural era porco.

Assisti o desnudamento do homem como da mulher no meu século. Esta coitada, até a minha adolescência, esmagava o corpo entre espartilhos e barbatanas de cintas ferozes. Era preciso tirar dela os últimos traços do natural. Nada de canelas à mostra, nem braços, nem começos saltitantes de seios. Tudo isso era o arsenal do demônio que atravancava o nosso celestial destino. Esmagada em seu espírito, como em sua carne, espirrava dela uma mitra de cabelos muitas vezes postiços sobre os rostos lívidos que ignoravam o *bâton* e o rouge. Isso fazia a mola do desrecalque das noites de núpcias, de onde muitas vezes as recém-casadas saíam de maca, furadas de todos os lados pela potência patriarcal em desespero.

O bordel passou a ser um ideal para a mocidade de meu tempo. Das pensões, escapando à tirania das caftinas, saíram inúmeras senhoras da nossa alta sociedade, pois as profissionais do amor sabiam prender muito mais os homens do que as sisudas sinhás da reza e da tradição.

Casadas, as mulheres transbordavam de gordura em largas matinês, o que fazia os maridos, saudosos de carne muscular e limpa, voltarem aos bordéis. Uma vida de simulação ignóbil, abençoada e retida por padres e confessores, recobria o tumulto das reivindicações naturais que não raro estalavam em dramas crus. Um pai matava a filha porque esta amara um homem fora de sua condição.

Foi Isadora Duncan quem com seus pés nus pisou pela primeira vez a terra que, atrás de seu exemplo, se desnudaria.

O esporte contribuiu imenso para liquidar com os homens de bigodeira e punhos postiços e as mulheres lacradas, vespas cloróticas que muitas vezes se recusavam dramaticamente a dormir com os maridos, pois não sabiam do que se tratava.

Ser bem-educado era fugir da vida. As mulheres não podiam sequer revelar a sexualidade natural que todas têm. Eram logo putas.

A vida de *O Pirralho* tornou-se intensa e importante no cenário político, onde se lutava pelo civilismo de Rui contra a ditadura de Pinheiro Machado. Eu deixara o *Diário Popular*. E numa excursão à cidade de Socorro, conheci um dos maiores líderes políticos de São Paulo. Chamava-se Washington Luís Pereira de Sousa, era Secretário da Justiça e Segurança e fazia-se temido por sua conhecida energia. Suas palavras sobre minha revista foram de tal modo elogiosas e favoráveis que, sem embaraço, aceitei o convite que me fez de vê-lo em sua secretaria. Aí espontaneamente ele se dispôs a auxiliar financeiramente *O Pirralho* que considerava um valor na luta que se desenvolvia em torno de Rui Barbosa contra o hermismo controlado por Pinheiro Machado.

Eu, com a expansão da capital e a valorização dos terrenos da Vila Cerqueira César, me julgava um moço rico e não pretendia explorar, portanto, *O Pirralho*, de que pagava impressão, caricaturista e todas as contas.

Foi por essa ocasião que surgiram em São Paulo as primeiras operações de terrenos da Companhia City. Era um grupo de ingleses que resolvera aplicar atividade e capitais em nossa cidade. Dizia-se que quem a trouxera para cá era o terrenista Horácio Sabino. Fato é que esse grupo adquiriu dele os terrenos da Vila América, ao longo da rua Augusta, estendendo a operação a uma grande gleba que se seguia na direção de Pinheiros e que parecia um negro atoleiro. Os nossos terrenos, ao lado do futuro Jardim América, que se construiu sobre o lamaçal saneado, sofreram imediatamente uma alta considerável. Certa manhã, meu pai foi procurado em casa pelo seu compadre, o corretor Basílio da Cunha que lhe ofereceu pela Vila Cerqueira César a soma de dois mil e quinhentos contos. Quem dirigia os negócios da City era o financista Fontaine de Lavelaye, filho de um escritor socialista belga. De modo que esse nome de Fontaine soou muitas vezes aos meus ouvidos a propósito da transação. — Fontaine compra, não compra etc... A operação era considerada de primeira ordem. A City oferecia a metade da soma em dinheiro e a metade em ações suas que só se valorizaram e cresceram. Com uma parte do dinheiro meu pai teria adquirido todas as casas da rua Direita e se transformado, com um filho só e uma mulher só, num dos maiores milionários nacionais. Mas não sei por que ele e D. Inês acharam pequeno o preço, pedindo ao corretor que transmitisse a contraoferta de seis mil contos. O negócio foi adiado e acabou gorando.

No entanto, o ambiente era de prosperidade e, aproveitando-me disso, consegui de minha mãe o que mais desejava na vida — conhecer a Europa. A esse tempo o pintor Osvaldo Pinheiro obtivera uma bolsa do governo para estudar pintura em Paris, com o apoio do Senador Freitas Valle, dono exclusivo do setor oficial de Belas-Artes. Eu fora, em 1910, aprovado para o segundo ano da Faculdade de Direito e em 11 chegara ao terceiro. Convenci minha mãe de que nada atrapalhava a minha carreira de homem de letras a interrupção de meus estudos. Ela, aliás, me declarava que só queria que eu tirasse a carta de bacharel. Somente o pergaminho a interessava, pois um dia poderia valer-me dele na existência.

Tivera tal êxito *O Pirralho* que pude arrendar, por dez contos de réis, a tabuleta, o título e uma mesa. Apareceram diversos interessados, entre os quais Paulo Setúbal e Babi de Andrade, a quem dei preferência. Comprometeram-se eles a resgatar, na minha ausência, alguns títulos meus endossados por meu pai. Nos seus primeiros cinco meses de vida *O Pirralho* se impusera pela audácia com que conduzira a campanha civilista, tendo lançado, entre outras coisas, a caricatura de Voltolino. Eu iniciara em dialeto ítalo-paulista as "Cartas d'Abaxo Piques" que encontraram um sucessor em Juó Bananére. Parecia ele um moço tímido e quase burro mas seu êxito foi enorme quando tomou conta da página da revista intitulada "O Rigalejo". Chamava-se Alexandre Marcondes e era primo do futuro ministro do Trabalho.

Ia-se acabar a São Paulo dos mascates e dos tílburis. Aqueles, na generalidade sírios e libaneses, eram chamados turcos por causa do passaporte que lhes outorgava a Turquia. Foram eles os pioneiros da poderosa colônia oriental que hoje estende seus tentáculos por todo o Brasil, particularmente por São Paulo. Homens ativos e mulheres sadias e mal-educadas, não são mais turcos, são fenícios. Nesse tempo, eram sujeitos possantes que carregavam nas costas uma lata enorme, verdadeira loja à cata de fregueses pelos bairros da cidade. Batiam matracas de pau para chamar a atenção.

Entretanto, minha família ia se dizimando. Primeiro, faleceu tia Carlota que chamávamos de tia Iaiá. Morreu em Santos, em casa de tio Chico, que logo depois se mudava para São Paulo, alugando casa na rua Jaceguai, enquanto construía suntuosa residência na esquina das avenidas Paulista e Luís Antônio. Tio Chico, o comandante da família, mostrara uma grande atividade na fundação de casas comissárias de café, em Santos. Infelizmente morreu moço, deixando o único filho, Juca, estudante na Inglaterra. Sua viúva, Cândida Leitão, conseguiu bater o recorde da palhaçada trágica, casando-se com um Dr. Peruche, noivo da própria filha, Henriqueta. Enquanto a outra, Noêmia, casada com um tal de José Mário, batia outro recorde — o da avarice.

A morte de tia Iaiá veio liquidar o curioso gabinete de meu tio, o Desembargador Domingos Alves Ribeiro, que mantinha pela monarquia um saudosismo fervoroso. Seu pequeno escritório, além de ter nas paredes fotografias de líderes do Império, se empapelava de gravuras recortadas da *Illustration*, particularmente referentes à exposição universal realizada em Paris em 1900. Aí aprendi a conhecer a silhueta esguia da Torre Eiffel. Frequentavam o gabinete de meu tio figuras notáveis da monarquia como Joaquim Nabuco e Eduardo Prado. Era uma espécie de "Cabinet des Antiques" de Balzac, onde meu pai fazia às vezes sua modesta e democrática aparição. Grande amigo de meu tio era o monarquista Dinamérico Rangel, que já referi. Um careca esquelético que recusara, por brio, a aposentadoria na República e por isso passava muito mal de vida.

Nessa desaparecida São Paulo, permaneceram duas velhas mulheres, primas nossas, mandadas buscar de Recife, pela família, por terem ficado sós e sem amparo. Tinham morrido todos em sua casa, mãe, irmãos, pai. A família unira-se no propósito de fazê-las vir para o Sul. Como deixar longe aqueles rebentos virgens dos Soriano, dos Brito e dos Souza?

No Rio, fora incumbido de tirá-las de bordo o mais boêmio de meus primos, o Lulu. Não havia ainda cais na capital da República. Os navios atracavam fora. Ele indo a bordo e indagando delas, deparou com dois bichos felpudos e malpostos. Fugiu horrorizado. Com o pouco dinheiro que tinham elas alugaram uma barca e vieram aportar diretamente na enseada de Botafogo, onde tio Herculano morava. No terraço da casa suntuosa, estavam meninas e rapazes quando, por pura piada, Marina, vendo aqueles dois monstros acompanhados de moleques e de malas, gritou: — Oilá as primas do papai!

Eram de fato elas, pois imbicaram para o portão da vivenda. A mais moça trazia um rolo na mão. O retrato a óleo de um avô que fora grande na Corte.

A casa rica não pôde conter aquelas duas figuras analfabetas e bárbaras que vinham escapadas de uma tragédia edipiana. Magras e malvestidas, com os cabelos soltos pelas costas, elas foram imediatamente recambiadas para São Paulo, onde tia Iaiá as hospedou. Estava salva a virgindade trintenária de ambas.

Tratava-se de um caso de inconformação fidalga. Os pais eram nobres de nascença mas não tinham padrão financeiro para sustentar a família. Apenas possuíam uma casa de moradia e o pai, sem habilitações, obtivera um emprego modesto. Mas a mãe era filha de uma aia da imperatriz. Não podendo educar os filhos em bons colégios, fecharam-nos em casa. Dos homens, um morreu tuberculoso, o outro saiu para o hospício. As "meninas" continuaram enclausuradas. A mãe morreu. O pai, semilouco, tentou contra a honra da filha mais nova. Era nesses termos que se narrava o caso. Completamente abandonadas com o seu falecimento, Iaiá e Inesinha apelaram para os parentes do Sul. Agora achavam-se instaladas na rua de Santo Antônio, em casa do Desembargador Domingos Alves Ribeiro, ou melhor, na janela de sua sala de visitas, olhando a rua. Afinal olhavam a rua. E na rua passou um bonde da Light guiado por um motorneiro português. Era Artur Alves de Sousa. Namorou-as. E alegando que deixara a profissão de motorneiro para vender uma pomada para calos que inventara, pediu a menos velha em casamento. Deflorou-a não se sabe onde nem como. Casou-se e vendo que ela não trazia um tostão furado, deu uma surra nas duas e abandonou-as numa noite de chuva.

Voltaram ambas à janela do desembargador, mais velhas e abatidas. Os motorneiros passavam sem lhes dar atenção. Inesinha faleceu, tendo eu tomado parte no enterro com a mulher desdentada do engenheiro que reaparecera. Iaiá morreu de sífilis numa enfermaria da Santa Casa de Misericórdia. Fui vê-la quase na agonia. Tinha qualquer coisa de amoroso e quente nas mãos esquálidas.

Em 1911, faleceu também tio Chico quase que repentinamente, deixando bem casada Noêmia que, longe do marido, mostrava como em criança decidida inclinação por mim. Desmanchava-se assim o núcleo dos Inglês de Souza, que por tantos anos se instalara em São Paulo. Meu tio, o Desembargador Domingos, mudou-se para o Rio com sua filha Sara. O Marcos, herdeiro de uma porção de terrenos no Paraíso, casou-se com a filha de um negociante, o Capitão Roberto de Figueiredo.

Apertei minha mãe no corredor da casa, coberto como ela de lágrimas ardentes e fui acompanhado por meu pai e alguns amigos até o cais do porto de Santos. Aí entrei pela primeira vez num transatlântico. Era o *Martha Washington* que me levava à Europa.

Vi meu pai, o último do grupo, desaparecer num dos intervalos dos grandes armazéns de zinco que fechavam o cais.

Deixei a balaustrada do tombadilho e me pus a andar. O movimento da gente que me cercava — passageiros de casquete, carregadores, visitantes e curiosos — me enervou. O atraso do navio me impedia de deixar meus amigos no mesmo momento em que largasse a terra. Por causa do carregamento de café que não fora terminado, o *Martha* só partiria dentro de uma hora. E o grupo de íntimos que me acompanhara de São Paulo, tivera de despedir-se para não perder o último trem.

Parei do outro lado do tombadilho — o que dava sobre o mar. Vi, na palidez da tarde, o canal, as colinas verdes da costa e notei adiante um pequeno e velho forte.

Desci para buscar meu casquete na cabina. Propus-me adivinhar os meus companheiros de viagem e finalmente parei para olhar a fila de trabalhadores que carregava.

Eram cerca de cinquenta homens sujos e fortes, de camiseta e calça. Subiam curvados sob o peso dos sacos de café, por uma larga tábua que tremia, atiravam-nos ao porão do navio e repartiam para buscar outros no armazém aberto.

Como o dia terminasse, encerraram o serviço. Marinheiros mostraram-se, fecharam os porões cheios, recolheram os guindastes aos mastros. Na ponte, apressavam-se os adeuses. Havia gente comovida. E calmos oficiais de marinha advertiam os retardatários. A escada de bordo foi ocupada pela descida dos visitantes. Depois os marinheiros a recolheram lentamente.

Havia grupos de pessoas no cais já escuro. Os viajantes olhavam do tombadilho. E imperceptivelmente o navio se destacou. Meia hora depois, em plena noite, o *Martha* se afastava do porto. Só, no tombadilho, distingui ainda as luzes de Santos. Ouvi a fanfarra que tocava embaixo, no salão, onde se jantava. E chorei.

A parada no Rio, depois de uma noite de bordo, foi assinalada pelo passamento do Barão do Rio Branco, chanceler do Brasil. Canhões tonitruavam lugubremente na baía. Eu carregava dois clandestinos — Renato Lopes, jornalista, futuro fundador de *O Jornal*, que se casou depois com minha prima Guiomar, filha do tio Herculano, e meu primo mineiro, irmão mais moço de Wolgrand, que se chamava Rogério. Este aceitou ir de terceira classe.

A banda de bordo tocava no tombadilho quando deixamos o Rio. Logo nos primeiros dias notei, entre céu e mar, ao lado de uma velhota cheia de vidrilhos, uma criança loira e linda que não teria onze anos e dançava como uma profissional. Não tardei em travar conhecimento com a velha, que se dizia mãe da menina e casada com um homem de negócios, americano. Moravam no Rio, na Pensão Schray, em frente ao Catete, e Landa — era esse o seu nome — ia estudar bailado no Scala de Milão.

Uma manhã, todo mundo saiu para o tombadilho a fim de ver um veleiro perdido no mar. Curiosos tomavam as balaustradas. O médico de bordo apareceu contando que se tratava de um cargueiro inglês, partido de Buenos Aires com trigo. Os seus tripulantes estavam no mar havia cinco meses. Tinham fome e pediam o que comer. Era um navio da era das descobertas.

De fato, vimos descarregar numa pequena embarcação que esperava embaixo, ao flanco do opulento vapor, sacos de café, carne e biscoitos. Do veleiro um grito de peitos rudes se elevou. Respondemos do tombadilho com os lenços.

A pequena dançarina foi buscar um pão enorme e o atirou. Caiu na água.

Ouvimos as máquinas do *Martha* se porem em movimento. Afastamo-nos. O veleiro ficou no mar.

Os companheiros de bordo pouco me interessaram, a não ser a viúva de um jornalista de quem me aproximei mas que não possuí, pela fraqueza de minha iniciativa.

Landa encheu meus dias de bordo.

Acordei sobressaltado. Era noite ainda. Percebi que o navio fazia estranhos movimentos. E ouviam-se rumores longínquos. Abri vivamente o óculo da cabina e vi linhas de luz surgirem da água muito negra. Era Tenerife.

Saltei do leito, comovido de ver terra depois de dez dias de mar. Enquanto me vestia, chegavam a mim barulhos do porto, choros de sereia, gritos agudos de naviozinhos no meio de sons que dormiam como serrarias.

Quando subi para a obscuridade do tombadilho, encontrei gente de binóculo olhando. A cidade abria-se adormecida mas viva, iluminada.

Do leme, vinham sons repetidos de campainha. E o *Martha* ancorou.

O médico de bordo passou com um velho inglês. E pouco a pouco a ponte encheu-se de viajantes. Formaram-se grupos. Procurava-se ver a ilha na manhã que começava.

Barcas rodavam em torno, por toda parte, no mar que parecia sujo. Havia outro navio na distância.

E como o dia chegasse muito pálido, eu distingui para lá da cidade insignificante, montanhas enormes, verdes e áridas.

Vendo Nápoles, chorei de emoção. Estava na Itália.

Convenci a velha de que devia ser o padrinho de Landa, que não era batizada. A velha que era judia concordou com o meu oportunismo religioso. Nos dias de mar deserto, voltavam as recordações da rua de Santo Antônio. Minha mãe, a figura de Indalécio, de barba. Recordava-o descrevendo os primeiros dias da criação, o acontecimento do pecado, fazendo o Padre Eterno percorrer o

Paraíso chamando por Adão em latim: — Adame! Continuava de resto a repetir anos do seu intérmino curso na Faculdade de Direito. Chegaram a fazer uma quadrinha:

Indalécio Randolfo
Figueira de Aguiar
Passou na prova escrita
Tomou na prova orar!

Mamãe me fizera comungar no fim do curso ginasial. Inventei para me justificar perante mim mesmo toda uma teoria do pecado e da redenção. Influências da Faculdade de São Bento e de seu diretor Monsenhor Sentroul. Aliás, meus amigos eram todos católicos, sem discussão.

Combinei com Landa e a velha um encontro em Milão, para onde elas se dirigiam. E parti para Roma, a fim de descobrir Osvaldo Pinheiro que não suspeitava de minha chegada.

Atingi já noite Roma, deixando Gilberto num hotel. Renato Lopes, de quem me desvencilhei, partiu para Paris.

Sabia que o pintor brasileiro se reunia com outros artistas na Via del Babuino. Ninguém o conhecia num café onde penetrei no barulho e na fumaça. Fui para a porta. A segunda pessoa que passou foi ele. Era o mesmo rapaz da rua de Santo Antônio, com seus olhos claros, suas fartas melenas, sua bengala. Exclamou espantado: — Você aqui!

Rumamos para Paris, passando por Milão, onde batizei Landa Kosbach no Duomo.

Um carro nos levou, beirando o cais do Sena, entre árvores esgalhadas. Nos instalamos num albergue chamado Hôtel de Russie. No dia seguinte assistimos a uma patriotada francesa onde se pedia a revanche contra a Alemanha, diante da estátua de Strasburgo.

Estávamos logo morando num pequeno apartamento da Rue Vavin, junto ao Jardim do Luxemburgo. Descobri três delícias, um doce, um queijo e uma garota. O primeiro era um éclair, o segundo era um queijinho da Normandia que parecia estragado. Tinha o nome de camembert. A garota chamava-se Madeleine.

No apartamento da *concierge*, fui encontrar outra garota que tinha sido rainha dos estudantes de Montparnasse. Passei a chamá-la de Kamiá e a ela me juntei depois de um episódio que me fez conhecer Osvaldo Pinheiro. Aproximando-se o 1º de abril, fiz uma outra pequena escrever ao pintor, marcando um encontro no Luxemburgo em nome de Kamiá. Ele compareceu.

Logo depois, mudou-se do apartamento sem indicar endereço e levando o dinheiro meu.

Viajei com Kamiá. Fomos conhecer a Alemanha, feudal e colorida como uma litografia. Encontrando, de volta a Paris, Giovanni Grasso e sua troupe, com eles fui para Londres, levando Kamiá. Instalamo-nos no quarteirão de Soho.

Faltou-me de repente dinheiro. Esperei inutilmente a mesada que meu pai religiosamente remetia de São Paulo. Ao sair do quarto do hotelzinho que habitava, acendi uma vela diante de um quadrinho de Nossa Senhora Aparecida que minha mãe me dera. No banco, nada. Regressei ao meio-dia. O quarto tinha pegado fogo. Vim a saber que o dinheiro estava em Paris, à minha ordem. Mudei-me com Kamiá para uma *boarding-house* limpa, em Albany Street.

Compramos um presunto que ficou pendurado na janela e conformamo-nos com os espetáculos de Grasso. Fomos uma vez ver a ópera no Coventry Garden. Como toda ópera, uma luzida droga. Grande plateia. Eu tentara usar uma barba rala e desigual e isso me deu um terrível azar nas ruas populares de Londres. Chegava a ser vaiado. A população dos *public-bars* era a pior do mundo. Desdentada, sem nariz. Assisti a um comício em fila triste e pacífica sob o feroz cassetete dos guardas da polícia inglesa. Estávamos, evidentemente, na Inglaterra de Marx. E eu não sabia.

O *Otelo* de Grasso entusiasmou não só a mim mas à própria crítica londrina. Era de fato uma maravilha passional e moura.

A volta a Paris, pelo canal da Mancha, me fez dar de cara no Consulado, com meu ex-amigo Osvaldo Pinheiro. Passei-lhe uma descompostura inútil num bar. Voltei com Kamiá a Milão a fim de visitar Landa Kosbach. Aí criou raízes um drama de ciúmes que daria mais tarde tremendos aborrecimentos. Kamiá percebeu na menina uma séria rival.

No cenário nativo de Catânia fui rever Grasso. Estive em Acireale e nos arredores do Etna. Toda essa região de terremotos, cuja calma paisagem faz parecer tudo assentado e imutável. O próprio Etna deu-me a impressão dum fundo de quadro, parado na luz maravilhosa, com um fio de fumaça branca imóvel. O colorido dum só azul no mar contrastava com o verde dos laranjais da costa.

Na Calábria, no fundo do grande mar triste e silencioso, o sol estava envolvido de roxo como um Cristo de Semana Santa.

E dos desmaios violetas dispersos em redor, criou-se um momento uma figura de mulher céu acima, alongou o braço fantástico, chamou. Pensei em mamãe.

Era preciso voltar ao Brasil. Resolvi trazer comigo Kamiá, que se mostrava afável e prestimosa.

Embarquei com ela em Trieste, a bordo do *Oceânia*, da mesma companhia do *Martha Washington*. Padres cantavam no tombadilho. Kamiá também cantava. E eram canções brejeiras de Montparnasse.

Les femmes des étudiants
Sont chaudes comme de la braise
Quand elles n'ont pas d'amants
Elles prennent les barraux de chaise
　　　Et l'on s'en fout

La digue, digue, daine!
Et l'on s'en fout
La digue, digue, don!

Paro para perguntar: — Por que gostava eu mais da Europa do que do Brasil? Os meus ideais de escritor entraram grandemente nessa precoce tomada de posição. Tinha-se aberto um novo front em minha vida. Nunca fui com a nossa literatura vigente. A não ser Machado de Assis e Euclides da Cunha, nada nela me interessava. A vida estudantil não existia para mim, tal o arraigado e sábio desprezo de que me tomei pela Faculdade do Largo de São Francisco, pelo Direito Romano que eu muito bem supunha responsável pela legislação reacionária, pela chamada Filosofia do Direito de que era detentor com exclusividade e monopólio o bonzo Pedro Lessa. Conhecera outro professor de Filosofia dali, mas minhas relações com ele se fizeram através dos juros altos que ele cobrava sobre títulos meus e de meu pai. Era usurário e morreu assassinado, não sei se por isso.

A Europa fora sempre para mim uma fascinação. Talvez Osvaldo Pinheiro com suas pobres melenas, seus pardos olhos tristes, tivesse contribuído para criar em mim esse complexo. Era, sem dúvida, a existência livre de artistas, com amores também livres, a boêmia de Indalécio em grande que eu aprendera a admirar na *Boêmia* de Puccini, a única ópera que suportava. A irregularidade, a contravenção para que eu nascera e para a qual agora escapava, fugindo também ao cálido e envolvente agasalho materno.

Na Europa, eu me encontrara encontrando a paisagem, encontrando o macarrão. O vinho também era uma intensa novidade. A revelação de um grande vinho popular da Itália do Sul, o Frascati, dei Casteli Romani, me fez cair de bêbado em Nápoles, na primeira tratoria que encontrei. Senti no meu corpo e apertei contra meus braços a terra quente da Itália. Eu tinha tido, aliás, a iniciação do vinho italiano no Rio, anos antes, quando na mesa do Hotel Avenida, o único hotel decente que existia, no mesmo prédio de hoje, o garção colocou para a surpresa de meus olhos uma garrafa onde estava escrita no rótulo branco a palavra Canelli. Barbera Canelli.

Evidentemente, nunca mais encontrei na vida um Barbera assim.

Numa volta a Nápoles, antes de Paris, com Osvaldo Pinheiro e meu primo Rogério, também conheci o amor. Uma das garotas da Vila Chiaia me endoideceu. Passamos uma noite em Santa Teresella degli Spagnoli, no coração popular de Nápoles. Acordei. Três horas da madrugada. O luar entrava numa golfada pela única janela. Da rua, uma voz clara de napolitano se elevou, cantou, me adormeceu num meio sono de outra vida.

Certa noite, saindo só, encontrei um cego que pedia esmola na rua. Diante da moeda que lhe dei, abriu os olhos claros e perfeitos:

— *Vuole una signorina?*

Essa pergunta não me era estranha. Não havia ainda automóveis, andava-se de carro. E toda vez que penetrávamos num coche aberto, puxado por dois cavalos, o cocheiro discreto se voltava e indagava se queríamos uma moça.

O cego levantou-se e eu acompanhei-o por ruas estreitas e vielas. Não tinha medo porque estava armado. Chegamos a uma casa aparentemente familiar. Subimos uma escada. Um velho sentado lia um diário napolitano, uma velha costurava. Disparei pela escada abaixo, fugi. Mas o velho deixando os óculos saiu correndo atrás de mim, aos gritos:

— *É qui! Venga!*

Voltei tranquilizado e, na cama inteiramente conjugal, deitei despida uma garota gordinha e linda. Sete liras.

Tudo isso vinha confirmar a ideia de liberdade sexual que doirava o meu sonho de viagem, longe da pátria estreita e mesquinha, daquele ambiente doméstico onde tudo era pecado.

Quando Serafim Ponte Grande, recém-chegado a Paris, dizia que agora podia trepar, exprimia o meu desafogo. Meu pai me avisara de que as mulheres eram fáceis. Mas, no Brasil tudo era feio, tudo era complicado. Sem sombra de dúvida, atribuo o número imenso de crimes sexuais aqui praticados pelos ditos "tarados", dois mil e tantos em cerca de dois anos, a essa contenção mantida pela nossa mentalidade colonizada, pelo país sem divórcio e onde, apenas nas classes altas, se esboça um movimento de liberdade de ideias correspondente à evolução moral do mundo. O "tarado" é filho da falta de divórcio. Na Europa, o amor nunca foi pecado. Não era preciso matar para possuir uma mulher. Não havia lá sanções terríveis como aqui pelo crime de adultério ou sedução. Enfim o que existia era uma vida sexual satisfatória, consciente e livre. Os contos de Maupassant já tinham me elucidado a esse respeito.

O fato histórico de o bárbaro Genserico, depois de convertido ao cristianismo, ter mandado fechar os cabarés de Cartago, elucida bem esse ardor do cristão-novo pela moral adotada. As reações do júri brasileiro eram cheias dessas lições. Um salafra dava dezoito facadas na esposa suspeita e era absolvido unanimemente, tendo a gente que apertar-lhe a mão sanguinária no trem diário dos negócios. Sentia-se que ele estava perfeitamente tranquilo com a absolvição oficial.

O Brasil adúltero apresentava-se chatíssimo e cheio de perigos. Por outro lado, o bordel não me contentava. Eu romantizava imediatamente meus furtivos encontros de botina e cincão. A Europa civilizadamente negava isso tudo. Lá não era crime nenhum amar.

Além do desrecalque trazido pelo súbito desaparecimento da contenção materna, eu encontrei logo campo para exercer atividades normais de homem de barba. E as exerci.

Outro aspecto que me prendeu aos assuntos da Europa — o social. Eu sempre fora um rebelado, um estranho leitor de Dostoiévski, que ligava à prepotência de Nietzsche. Esses dois gênios tinham presidido à minha formação intelectual.

Em Londres, fui encontrar vivas nas ruas, duas novidades — o assalariado e a sufragete. Esta era representada por mulheres secas e machas que se manifestavam como se manifestava o operário. Ordenadamente, às vistas da polícia, mas protestando contra um estado de coisas de que minha ignorância mal suspeitava. Eu que assistira ao bulício e à desordem de comícios ditos "anarquistas" em Santos e à carga de cavalaria sobre estudantes, ficava abismado de ver a carneirada operária inglesa desfilar soltando urros tristes, para predispor o capitalismo a reformas sociais.

Um terceiro aspecto me impressionou — a guerra. A primeira coisa a que assistimos, brasileiros recém-chegados ao Hotel de Russie, em Paris, foi, como já disse, uma manifestação pela revanche. Me certificava, assim, de que o homem gosta de brigar.

Ficaram alguns pontos altos na minha memória visual e emotiva dessa primeira visão duma Europa, onde se viajava sem passaporte, onde havia carros em Nápoles, tílburis em Londres, e em Paris os primeiros táxis que se celebrizariam depois na primeira batalha do Marne. Estávamos nas vésperas da Primeira Guerra Mundial mas, psicologicamente, muito longe dela. O século XIX perdurava tanto na moda como na literatura e nos costumes. Havia duelos na França e camorra na Itália. Ser boêmio era um privilégio de artistas. A Rússia ainda era a Rússia dos czares e dos grão-duques.

Dos dois manifestos que anunciavam as transformações do mundo, eu conheci em Paris o menos importante, o do futurista Marinetti. Carlos Marx me escapara completamente. A esse tempo talvez eu estivesse, sem saber, ao lado de Picasso e Apollinaire no celebrado Lapin Agile da *butte* Montmartre, ou tivesse encontrado Lênin tomando um borshtch na Rotonde. Aí encontrei dois moços escritores, um crítico, Max Goth e um medíocre fazedor de peças que se chamava Gabriel Reuillard.

Mas comera lagostas espetaculares com grandes vinhos, sentira o cheiro de Montparnasse. Antes conhecera os cromos clássicos da Itália. Em Nápoles afundara no seio dos bairros fortes. Morara num quarto de Santa Teresella degli Spagnoli. Sentira a Londres que produzira *O capital*. Fora rapidamente à Alemanha, uma Alemanha lírica que me aparecia como uma gravura, uma mancha colorida. Tudo isso mais ou menos eu fixara em crônicas de viagem que *O Pirralho* publicou.

E voltava inocente como fora, pela ladeira de um intérmino mar. Apenas tinha uma nova dimensão na alma — conhecera a liberdade.

O meu dissídio com Deus produziu-se no dia 13 de setembro de 1912. Foi aí que, tendo regressado da Europa e descido no Rio, vim pelo trem noturno e desembarquei na Estação da Luz por uma manhã molhada de primavera precoce. A maneira por que um grupo de amigos e familiares me rodeou e abraçou me fez perceber que alguma coisa muito grave se tinha passado. De fato, minha mãe não existia mais. Tinha falecido apenas alguns dias antes. Seis dias. Sem poder ao menos esperar o meu regresso.

Descido de um táxi na casa da rua de Santo Antônio, esquina de João Adolfo, atirei-me contra o peito magro e choroso de meu pai. A fim de não perturbar a minha vida turística, minha mãe me enganara sobre sua saúde, não permitindo que alguém me avisasse de que piorara sensivelmente. A letra trêmula de suas cartas era apenas legível porque fazia alguém ajudá-la a escrever, tomando-a pelo braço. Era uma freira chamada Irmã Úrsula, da Santa Casa de Misericórdia.

Estava eu, de novo, diante do velho oratório doméstico, com suas fulgurações de prata e os cabelos soltos dum Cristo de paixão, entre imagens de santos de todos os tamanhos. E sentia, desta vez, muito bem, que aquilo era uma célula vazia de significação e muito pouco digna de respeito. Por trás do oratório não existia nada. A parede, em vez do céu prometido. Nenhuma ligação metafísica unia aquelas figurações baratas a um império supraterreno. Nada, nada, nada.

Não tinha chegado eu ainda às convicções que hoje mantenho, como conquista espiritual da Antropofagia, de que Deus existe como o adversário do homem, ideia que encontrei formulada em dois escritores que considero ambos teólogos — Kirkegaard e Proudhon. São dois estudiosos da adversidade metafísica que se avizinham da formulação do conceito do primitivo sobre Deus, que é afinal o tabu, o limite, o contra, que as religiões todas tentam aplacar com seus ritos e sacrifícios.

Dona Inês expirara com um telegrama meu na mão, enviado da Bahia. Durante dois anos carreguei um inútil luto fechado.

No dia seguinte ao de meu desembarque foi a missa de sétimo dia, na igreja da Consolação, onde com minha barba rala de Londres me fiz abraçar pela enorme assistência que enchia a nave em redor do catafalco. Dali fui conduzido por meu pai ao Cemitério da Consolação, onde chorei diante do túmulo fresco, raso e revolvido. A pequena cruz de mármore que encima o jazigo familiar tinha sido desmontada para o sepultamento. A terra estava repleta de coroas.

Dali para a casa e para a vida.

Estava tudo acabado. Fechava-se brutalmente o ciclo maravilhoso que, desde a primeira infância, defendiam os braços pequenos e gordos da fada de minhas noites e dias. Haviam-se fechado os olhos azuis para cuja aflita vigilância tinham-se aberto os meus.

A 2 de novembro, festa de Finados, voltei levando flores ao túmulo da Consolação, já restaurado. Era bem outro agora, esse dia rememorativo. Eu não sentia mais o primeiro sol no azul quente da primavera anunciada, quando as cigarras estridulavam em frente à minha casa, nas paineiras de Fernando de Albuquerque. Era outro o sentido dos vasos de porcelana fina que íamos deixar sobre o túmulo da rua 17, nº 17, da necrópole da Consolação. Agora estava ali o que restava de minha mãe.

Meus problemas pessoais se tinham subitamente complicado. Junto a mim restava um velho choroso que só falava em D. Inês, eu trouxera comigo uma moça de Paris, Kamiá. Tendo desaparecido minha mãe, como abandoná-lo? E como deixar só Kamiá? Apresentei-os. Resolvemos sair juntos para uma estação de águas. A velha e gorda francesa tia Alice, mulher de tio Guilherme, veio resolver a situação criada ante os preconceitos ambientes. O casal de tios nos acompanhou a Lambari, passando Kamiá por sobrinha de tia Alice.

Tornando a São Paulo, procuramos dar solução ao problema de nossa moradia. Decidimos apelar para os serviços do compadre Antenor e da comadre Maria que puseram a sua casa da rua Oscar Freire à nossa disposição. Papai ocupou aí um bom quarto de frente e eu aluguei um chalezinho novo que dava para os fundos da chácara do compadre Antenor e abrimos uma passagem interna. No chalé, veio a nascer meu filho mais velho, Oswald, apelidado de Nonê, uma síntese de "nosso nenê" com que meus pais me haviam chamado na infância. Ele nasceu à uma hora da madrugada do dia 14 de janeiro de 1914. Kamiá foi assistida por uma parteira alemã que se tornou funesta mais tarde.

Meu pai encantou-se pelo garotinho nascido que foi o único neto que conheceu. Passamos a ter uma vida regular e modesta entre a casa e o chalé. Recebíamos os amigos para grandes almoços na chácara, aos quais comparecia Emílio de Meneses, tornado meu amigo desde *O Pirralho*. Com o fracasso do negócio da City, tivemos que hipotecar por cem contos toda a Vila Cerqueira César à Economizadora Paulista.

O Pirralho voltara às minhas mãos. Os arrendatários não puderam realizar a compra. Tinham-se obrigado a resgatar alguns títulos meus endossados por meu pai. Haviam feito isso. Mas, agora, o encorpado mulato Babi recusava-se a me entregar os títulos querendo forçar-me com essa chantagem a lhe vender a revista. Uma manhã tive com ele uma cena violenta na redação e referi-me a um recibo criminoso que ele passara como dono do jornal, antes de arrendá-lo e que Renato Lopes colhera no Rio. Babi acercou-se de mim como uma fera mas não me agrediu. Caiu logo num descompassado choro, exclamando: — Ah! o meu passado! Indo lavar os olhos numa área ao lado, contou a alguém que de noite, na rua Quinze, me cortaria a cara a chicote de aço. Ele tornara-se, na minha ausência, um terrível valentão. Agredia fisicamente as pessoas que detratava. Aos sábados, quando saía o jornal, era quase certa a sua prisão num rolo.

Comigo o caso aparentava-se mais que grave. Eu não tinha amigos poderosos. Tinha apenas um revólver Browning que adquirira na Bélgica. Fui ao Secretário da Justiça, Elói Chaves, a quem chamavam de Dr. Sorriso e, expondo o caso, pedi-lhe porte de arma. Despachou o meu pedido, aconselhando-me hipocritamente a ter calma, pois o que ele queria era a eliminação do mulato.

À noite, o grupo de intelectuais, jornalistas que faziam a nossa roda, reunia-se em frente ao cinema Íris, junto ao prédio onde funcionava *O Pirralho*. Correra mundo a notícia de que eu seria chicoteado por Babi que nunca adiava as suas ameaças.

Tendo colocado no bolso dum sobretudo de Paris a minha arma que municiara com sete balas, uma das quais no cano, não deixei de comparecer ao ponto e à hora do encontro. Cumprimentei os amigos e, sem surpresa, vi a alta estatura de Babi aproximar-se com a mão também no bolso, onde decerto tinha o chicote. Passou por mim, dando-me um pequeno esbarro provocador. O sangue me subiu às faces mas esperei calmo que ele precisasse o gesto. Nesse momento o estudante Jairo de Góis, que era meu amigo, tomou-me pelo braço e energicamente me arrastou na direção da rua Três de Dezembro, onde exclamou: — Estou salvando você duma surra de chicote! Fi-lo então tocar o revólver que trazia no bolso, tranquilizando-o. Aos berros histéricos me fez entrar no carro de um tal Castiglioni que ali se achava e circular pelas ruas desertas de São Paulo. No dia seguinte, através de Jairo eu trocava sete contos e quinhentos de letras por um recibo de cem mil-réis. Babi, se me molestou ainda, nunca mais procurou me afrontar diretamente.

Editou depois, ele e Rubens do Amaral, o semanário *O Parafuso*, que foi o pior flagelo publicitário que a sociedade burguesa de São Paulo conheceu. Nesse momento, teve inúmeras cenas de polícia e sucessivas tropelias, entre as quais uma briga com rapazes d'*O Estado*, onde enfrentou um deputado conhecido pelo nome de Nhonhô Trovoada.

O panfletário analfabeto apareceu morto uma tarde, numa cervejaria da rua Dr. Falcão, onde hoje se ergue o edifício Matarazzo. Correu pela cidade a notícia de seu suicídio. Fui vê-lo no caixão modesto, numa casa térrea e pequena da alameda Barão de Piracicaba.

A execução sumária de Babi é atribuída aos métodos utilizados pela política retardada e feudal daqueles tempos. As classes dominantes não levavam desaforo em vão. Uma só corrente, um só partido, uma só posição era o panorama do Brasil e mesmo da progressista São Paulo. E isso durou até a Revolução de 30. Babi teria sido um mártir da liberdade de pensamento e expressão, se não fosse um grosseiro chantagista e um personagem parcial e vingativo. Além disso, nunca soube escrever. Depois dele, apareceu também misteriosamente morto no interior de um táxi, ao lado da amante também morta, outro isolado e tenaz oposicionista — Moacir Pisa. Este tinha melhores letras que Babi e lutava uma luta mais desinteressada. Mas também, mesmo tendo sido reunidos em volumes os seus escritos, nada deu de notável.

Veio o declínio da luta civilista pró-Rui, vencido nas eleições por Pinheiro Machado. A Primeira Guerra Mundial deslocou o eixo da vida nacional, envolvida pelos interesses imperialistas.

O Pirralho literatizou-se, continuando a publicar coisas mordentes de Emílio de Meneses. Nada produziu de sério a não ser um documentário da época, talvez curioso. Nele brilharam Guilherme de Almeida, com quem nunca estive sempre de acordo, Ferrignac, ou seja, Ignácio da Costa Ferreira, Define e Pedro Rodrigues de Almeida que fazia romances naturalistas. Uma espécie de Otávio de Faria sem repercussão nem reclame. Foi ele um dos homens que mais cedo desmoralizaram para mim a fé católica. Topava sorrindo pelos belos dentes sob bigodes pretos todo e qualquer pecado e estava no outro dia comungando para de novo pecar à tarde. Fazia isso sem a menor cerimônia. Quando eu o interpelava sobre o assunto, me respondia que a carne era fraca e o homem de natureza pecaminosa, mas para remediar isso a graça de Deus agia. Nunca teve, que eu saiba, um caso de consciência. Nada fazia para se emendar. A dialética ritual do pecado e da confissão o tranquilizava perfeitamente. O seu atraso literário era de bons cinquenta anos. Nesse ambiente confinado, eu encolhi as linhas da segunda frente que a Europa abrira para a minha sede de vida e de ação. Se não influíram sobre mim, ele e Antônio Define, inutilizaram o quanto puderam meus desarmados anseios. Em quem confiar se nem minha mãe existia mais?

Os valores estáveis da mais atrasada literatura do mundo impediam qualquer renovação. Bilac e Coelho Neto, Coelho Neto e Bilac. Houvera um surto de Simbolismo com Cruz e Sousa e Alphonsus de Guimaraens mas a literatura oficial abafava tudo. Bilac e Coelho Neto, Coelho Neto e Bilac.

Este aparecera com versos frouxos e ardentes que a Corruxa adolescente de Caxambu e com ela todas as Corruxas do Brasil recitavam gemendo. Mas breve enveredou para o Parnasianismo que teve seu recorde de consagração na leitura da "Tarde" pelo próprio Bilac aqui em São Paulo, no extinto Salão Germânia. Conheci Bilac, principalmente através de minhas relações com Amadeu Amaral, que dominava *O Estado de S. Paulo*.

Eu nunca conseguira versejar. A métrica fora sempre para mim uma couraça entorpecente. Fizera esforços grotescos para traduzir as "perfeições" de Herédia.

Mas Paris — e aí abriu-se um aspecto da segunda frente — dera-me o espetáculo da eleição de Paul Fort, vate livre, para príncipe dos poetas franceses numa noitada do Lapin Agile, onde fui cair. Só assim vim a saber que se tratava, enfim, de desterrar do verso a métrica e a rima, obsoletos recursos do passado. Enganei-me redondamente pensando que isso tivesse qualquer autoridade no Brasil de Antônio Define. Uma aragem de modernismo vinda através da divulgação na Europa do "Manifesto Futurista", de Marinetti, chegara até mim. Tentei um poema livre. Guardo até hoje o seu título. Chamava-se "O último passeio de um tuberculoso, pela cidade, de bonde". Mas a assuada dos Define me fez jogar fora o poema e com ele qualquer esperança de ver nossa literatura renovada. Entre velhos e novos não encontrei um só escritor que nessa época me animasse na intenção de renovar letras e artes. Só Emílio podia me interessar porque era um feroz maldizente. Confraternizei com esse baluarte da sátira, apesar de realmente ele nada ter de avançado. Destruía paspalhões e mediocridades, mas era até vagamente católico. Em política, por pobres motivos, pertencia à facção do ditador Pinheiro Machado. Suas teorias sobre o verso eram ridículas e quando declamava a sério os sonetões desengarrafados de seu empolado parnasianismo, tomava a languidez duma prima-dona de bigodes. E partia a cara de quem piasse contra a sua impoluta versificação.

Não era somente gordo, mas alto e forte. Traço curioso — ele, que espinafrava as reputações, não admitia a menor brincadeira a seu respeito, tendo muitas vezes metido o bengalório nos minúsculos e ariscos opositores que encontrava. Com seus belos olhos azuis e seus bigodes brancos em ponta, punha o mundo abaixo diante de qualquer suposto inimigo. Sofria visivelmente de um poderoso complexo de inferioridade social. Em São Paulo queria refazer-se da fama de boêmio e beberrão que o cercava no Rio. Machado de Assis, outro complexado, opusera-se resolutamente à sua entrada na Academia Brasileira de Letras. Contam mesmo que certa tarde, discutindo num grupo a candidatura do poeta paranaense, o autor de *Dom Casmurro* levara alguns amigos até um bar do Centro e sem maiores comentários apontara na parede a figura rotunda de Emílio que se comprazia em esvaziar chopes, numa pintura de reclame. Como bom preto, o grande Machado o que queria era se lavar das mazelas atribuídas à sua ascendência escrava. Fazia questão de impor rígidos costumes à instituição branca que dominava. Quando Machado morreu, foi fácil a Emílio varejar de fardão o Silogeu. Aliás, parece que não chegou a tomar posse da cadeira para que foi eleito.

Guardo de memória algumas quadrinhas de Emílio:

"*Morreu depois de uma sova*
E como não tinha campa
Duma orelha fez a cova
E da outra fez a tampa."

"*Morreu o Pinto da Rocha*
Ardem as velas em torno

*Diz uma tocha à outra tocha
Isso é bigode ou é corno?"*

*"Senhores, isto é o cúmulo
Parece um caso de duendes
Com a testa Cornuto Mendes
Ergueu a pedra do túmulo."*

Suas piadas correram mundo mas nunca foram editadas. Nem seus versos satíricos e pornográficos.

Como lhe oferecessem pela manhã contínuos aperitivos e o que ele tinha era fome, perguntava: — Vocês querem que eu coma o copo? Do período boêmio que Coelho Neto fixou no seu único livro viável, *A conquista*, Emílio narrava que o grupo do qual faziam parte Bilac e Paula Nei o incumbira de arranjar restos de frios no bar de um alemão. Era para um cachorro que não tinha o que comer em casa. O alemão punha pedaços de fiambre e queijo e Emílio cada vez pedia mais, alegando que o animal crescia. Um dia, enquanto o barman preparava o farnel, extasiou-se diante de um boião de conservas e não se conteve. Quando o homem veio, suplicou:

— Ponha dois pepininhos!

O alemão berrou:

— Como? Sua gachorre come picles?

Não havia solenidade científica ou literária, em São Paulo, onde Emílio de Meneses não procurasse meter o bedelho. Recitava sonetos de circunstância, que levava preparados. Frequentava Washington Luís, então prefeito, o qual até hoje lamenta nada ter feito a seu favor.

Quando realizava conferências, passava bilhetes a tudo quanto fosse figurão. Certa tarde me convidou a levá-lo até a casa do poeta e magistrado Vicente de Carvalho que não tinha um braço. Tomamos um táxi que ficou nos esperando em frente ao portão da casa, onde éramos recebidos numa biblioteca de numerosas estantes de livros encadernados e limpos. Antes de falar sobre as duas poltronas que queríamos lhe empurrar, Emílio se desfez em elogios à literatura do poeta santista. Surpreendido e grato com a visita, Vicente nos perguntou: — Vocês me conhecem picaresco? Foi a uma gaveta e trouxe de lá um maço de originais inéditos que se pôs a ler. Era um conto chamado "Zé Fidélis". Vendo-nos abancados e sorridentes, passou a novo capítulo e depois a outro. Emílio olhava-me aterrado fazendo-me sinais sobre o táxi que lá embaixo aumentava de preço. Como a demora se tornasse imensa, Emílio tirando o relógio de ouro do bolso do colete pôs-se de pé e exclamou: — Doutor Vicente, eu tenho hora marcada para ver um amigo num hospital. Voltaremos à noite, para continuar a gozar essa delícia. Saiu furioso, gritando no táxi: — Fale-me você de novo em poetas! Quando ele falava em João Felpudo, eu pensava em Washington Luís, que me prometeu o teatro!

Substituiu-se ele por muito tempo às minhas primeiras ligações jocosas e marginais. Indalécio de Aguiar, o poeta caipira Cornélio Pires e o pintor Osvaldo Pinheiro.

Entreguei-me ao inimigo, aderi vencido à fé de meus pais. Como aderir um prisioneiro no fundo de uma masmorra.

Procurara anos antes, criança ainda, inutilmente obter de um padrinho que diziam rico, que me fizesse estudar Filosofia em Paris. Inutilmente quisera me dedicar à medicina. Não havia ainda a Faculdade daqui. A Escola do Largo de São Francisco era o simples bastião colonial destinado a transmitir às gerações dominantes o vírus do Direito Justiniano, trazido para a livre América pela reação portuguesa. A sabedoria patriarcal do vi século romano! Eu sentia o enorme antagonismo que separava disso meu instinto de homem livre. Um dia fui preso.

Saindo do *Diário Popular* antes do meio-dia, vi uma briga na rua, diante do jornal italiano *Fanfulla*, que era perto. Dois policiais tratavam de impedir que um homem trajando macacão tomasse a sua bicicleta. Corri sobre o grupo, meti-me no meio e fiz o desconhecido partir. Os soldados me detiveram. O fugitivo era Oreste Ristori, o anarquista.

O totemismo e a autoflagelação campeiam no cenário desolado de minha existência sem norte. Kamiá deixara de ser Paris, para atrair as atenções interessadas dos literatelhos de *O Pirralho*. Estudo filosofia de Louvain com Monsenhor Sentroul.

Nesse momento, Landa Kosbach chega da Europa, escorraçada pela guerra que devasta a Itália. Tem dezesseis anos. É uma flor de carne musculosa e doirada. Com a velha atrás, cheia de vidrilhos. É uma marginal da sociedade de bem, e isso excita meus compromissos para com a maruja revoltada do ano 10. O marinheiro chibatado ergue no topo rebelde de sua nave a pequena bandeira triangular e vermelha. É a segunda frente que se reorganiza ao fulgurante calor da beleza e da vida. Ela me detinha desde os primeiros dias marinhos do *Martha Washington*.

Mudáramos para um sobradinho da rua Augusta onde hospedamos Landa e Mme. Schindelar. Papai e Kamiá receberam-nas bem.

A dançarina pela manhã desce para fazer ginástica, seguindo a disciplina escolar do Scala de Milão. Diz a velha que seu marido, o americano Schindelar, é preposto do milionário Farqhuar, cartaz do dia, que pretende sacudir a modorra econômica do Brasil, criando mercados e entrepostos e promovendo empreendimentos que atingirão tanto a bacia do Amazonas como os pantanais fecundos de Mato Grosso.

O piano alugado, donde Kamiá tira inutilmente as mesmas escalas inertes, serve agora para os exercícios de Landa que ensaia um programa onde fulge *A morte do cisne* de Saint-Saëns.

Os seios róseos e nascentes da dançarina pulam facilmente do corpinho. Suas coxas alvas e redondas estacam numa calça minúscula de elástico, precursora dos tapa-cus de Bikini. Landa, uma manhã, abre o roupão e mostra-se inteiramente nua para meus olhos. Sinto que meu pai e Kamiá reagem vagamente contra as duas hóspedes. Levo Landa e a velhota às redações e aos fotógrafos. Apresento-a com orgulho como a pequena campeã de natação do Flamengo. Ela dança todas as expressões do romantismo europeu — da "Dança das horas" às "Ruínas de Atenas" de Beethoven. Executa passos e volteios, seminua, na penumbra onde claudica ao piano Madame Schindelar. E, uma noite, conta-me que não é filha da velha que é sua avó e forjicou papéis. Conheceu sua mãe, desgraçada, na Alemanha. A velha diz-lhe: Você terá príncipes em sua cama! O amor assume o papel cavalheiresco que honrou a tradição dos servidores medievais de Dulcineias.

Meu pai que fora sempre meu grande amigo, é um aliado natural de Kamiá, que o apanhou na orfandade septuagenária, lhe colocou no pescoço um cachecol para o frio, e lhe preparou à moda da França vitela ao molho branco. Não serão os meus amigos de *O Pirralho* que corvejam enamorados em torno da francesa, já disponível e livre, que tomarão meu partido para salvar uma criança da escravatura branca. Eu luto só.

Meu pai, do fundo de seus setenta anos impolutos, levanta-se com a fúria dos vingadores do Patriarcado contra aquele romance simples. A existência de um neto, filho de uma mulher afável e prestimosa, é o argumento definitivo que se levanta contra meu sentimento justo. Eu não tinha compromissos com Kamiá. Avisara-a, já na Europa, que não nos casaríamos. Ela conhecia a direção de meu afeto. Afinal que poderia eu desejar mais, votado à literatura, do que fazer minha vida com uma linda criança devotada à arte e à dança? Que monstruosidade havia nesse sonhado casamento? Minha mãe me faltou nessa hora terrível. Tinham acordado interessadamente todos os complexos feudais e religiosos de meu pai. Se eu me unisse a uma dançarina, ele não me entregaria os resultados de seus "setenta anos honrados". Acolhido a uma casa alugada na praia de São Vicente, para onde ele costumeiramente partia aos precoces arrepios do primeiro inverno, tendo a seu lado Kamiá e a criança, meu pai trovejou como um herói clássico contra essa temeridade de eu ligar os meus dias a "uma cômica", a uma "mulher de teatro". A sua oposição subiu e percorreu todas as ameaças, mesmo a do suicídio. Se fosse necessário, ele denunciaria pelos jornais a minha vileza e a minha indignidade. E se mataria.

Eu não tinha, no entanto, só direitos mas meios para realizar meu sonho justo. Possuía intata minha herança materna. Era a metade dos terrenos da Vila Cerqueira César que tinham tido anos atrás uma fabulosa oferta da City. É verdade que a guerra viera afetar os negócios em geral mas, se quisesse, eu liquidava na hora o mais que necessário para amparar minhas pobres ambições de escritor, ligadas ao desejo de ter uma artista ao meu lado. Mas nem de longe ousei pensar em reclamar o que era meu. Nossa vida continuava a ser a dos velhos e disciplinados sentimentos feudais. Meu pai nem sequer fizera o inventário de D. Inês. Naquele ambiente de confiança instalara-se o dissídio. Eu preferia, é claro, morrer do que tocar de longe no espinhoso assunto da minha herança. Tinha ao lado um homem que foi depois um grande advogado — Vicente Rao. Vivo, honesto, clarividente. Mas ele não se fizera ainda na vida profissional e com certeza, penso, teria apoiado meus nobres sentimentos de renúncia. A gestão dos negócios era intocável e exercida por meu pai.

Kamiá finge docilidade no infortúnio. E Landa me diz de repente:
— Tenho três amores com o teu. Possui os filtros da negaça, hesita, aparece a mim como Lady Macbeth recoberta pela fala de Ofélia.

Faz-se sentir nessa hora o erro financeiro de 1911. A guerra produz a baixa, a desvalorização dos terrenos, talvez a ruína. Não se pode viver das letras de câmbio descontadas com o grã-fino Décio de Paula Machado que abre uma banca à rua Direita para cobrar três por cento e mais ao mês. A dívida hipotecária vai se vencer. Eu recorro a Júlio Mesquita, diretor d'*O Estado*. Vou à sua fazenda em Louveira e ele me apresenta ao corretor Estanislau de Camargo Seabra, com escritório à praça da Sé. Este delineia um contrato de locação de serviços de que resultou a gorda comissão da venda de três quadras para a Sociedade Hípica Paulista, realizada exclusivamente por mim. Mas ele age na reforma da hipoteca dos terrenos à Economizadora. Consegue a prorrogação do prazo do empréstimo com um aumento de trinta contos de réis.

Nos contatos que tive com os diretores da Companhia, tomo o pulso do capitalismo. Eu e meu pai, humildes devedores, esperávamos horas na antessala da praça da Sé. Aparecia o Arrudão que era o advogado. Conversa vai, conversa vem, meu pai lançava, para amansá-lo, a notícia de que eu, pobre e relapso estudante de Direito, pretendia seguir a carreira dele. Ele retrucava fechando o tempo e a cara: — Isso não é possível. Não sou somente bacharel, sou doutor! Isso hoje... Remexia a beiçorra, querendo significar *Lasciate ogni speranza...*

O mais duro de nossos credores era, porém, Guilherme Rubião, frio, implacável para com a velhice inerme de meu pai. A demora da solução do nosso negócio, que angustiou a casa durante meses, tinha nas suas mãos um sentido de guilhotina: — Se vocês têm pressa, é melhor não fazermos...

Uma madrugada, batem estranhamente à casa que habitamos então, também na rua Augusta, mais abaixo. Acordando, corro a ver. Antônio Define surge esgazeado, de fraque, tirando tragadas quilométricas de um cigarro. Recebo-o. Fora assaltado por um negro desconhecido de noite na rua Quinze de Novembro. E tivera que entregar ao assaltante um dinheiro que trazia no bolso para fazer um pagamento de seu pai. Visto-me imediatamente. Deixo Define com Kamiá e meu pai e corro à polícia, onde vou denunciar o assalto e pedir providências. Dias depois, o delegado me chama e avisa: — Foi um assalto simulado. O seu amigo passou essa noite num clube de jogo e aí perdeu o que tinha e o que não tinha. É um jogador!

O carro de Laio atravanca a minha estrada. Meu pai atira-se contra mim num ímpeto que nada tem de senil. E grita:
— Podes ir, mas no rumo da família Schindelar não levas as minhas bênçãos!
É um fantasma bem vestido pelo século XIX. Vejo tudo possível — tribunais, cadeias e mais coisas absurdas. Para salvá-la estou disposto a tudo. Sobe uma velha vontade de me explicar, de me discutir. Quero tribunais!
Tudo isso e maior drama nada seria se a imagem tranquilizante que me imbecilizara de amor no início não começasse a oscilar. Meu pai ignora e contra-ataca. Retruca com um retorno de ciúme que desloca Freud. É Laio quem fere. Joga a contrapartida raivosa do zelo. O enigma reflui. Quem é Jocasta? Desdobram-se as ciladas do incesto. Conto-lhe a sua história e o comovo. No dia seguinte, ele se levanta para amaldiçoar de novo. Kamiá é uma inexistência. É claro que age aziagamente como uma feiticeira de Shakespeare. É quem faz despachos, sopra o incêndio, prepara os filtros infernais, açula o velho que encontrara nela o refúgio e a substituição materna.
Seu Andrade com um instinto terrível sente o meu desligamento crescente da francesa. E o impacto do ciúme ele o atira sobre Landa Kosbach que é mamãe Macbeth nas roupagens carnais de Ofélia. Esta dublagem persiste e se desenvolve numa atração de crime. Eu

quero certezas para repicar e somente colho dúvidas e desesperos. Sinto delírios auditivos. Desce sobre mim uma vaia lúgubre. Há grilos fora de casa.

Noto num caderno íntimo, na noite silente onde estou, este axioma: "A gente não se engana sobre a mulher mas sobre seu tipo ideal". O tipo criado pela reflexologia patriarcalista defendido por todas as cavalarias monogâmicas. É Baudelaire quem depõe:

> *L'amoureux pantelant incliné sur sa belle*
> *A l'air d'un moribond caréssant son tombeau.*

O amor que falha me traz o frio de Otelo no peito. As pernas queimam. Há uma sensação física de cicatriz aberta no coração. Lágrimas sobem, brutalidades estrangulam-se nos pulsos.

E de novo, com uma facilidade estranha, ela se deixa reconquistar. Sonhamos. Ela guiaria o nosso grande carro na Europa, pelos caminhos, pelas brancas aldeias. Ouviríamos a missa dos bons curas. E prosseguiríamos por países e países, olhos nos olhos, coração no coração.

Meu pai me defronta no começo da noite, à saída da casa. Chegou de Santos. E como tenho um gesto rude, grita: — Quer me bater?

Vou visitá-lo na praia. Revejo-o sempre no mesmo terno preto, o chapéu-coco e o guarda-chuva. Está sentado a um banco no velho jardim que rodeia a Biquinha de São Vicente. Tem uma criança linda ao lado. É meu filho. Ele me fala calmo, depois de me fazer perder a hora do trem de volta. Atirava-se ao mar, do rochedo da ilha Porchat. Eu me casasse e viesse buscar o seu cadáver.

Chega o Carnaval. Deixo tudo por ela. Alugo um táxi; desses que conduziam pares na capota armada. Embaixo, a velha disforme é um desengonço tendo em frente um enorme saco de estopa, cheio de confete verde até a boca. Nós em cima atiramos serpentinas para o corso que nos aclama. Os automóveis desfilam em delírio. As luzes se acendem, na noite que cai. Nossas sombras avançam sobre o carro, se confundem, nos confundem, nos convidam a um destino comum. No entanto, eu a insulto na chegada à casa. Uma golfada de ciúme diante dos títeres que ela agitara: — Amo um, amo outro, não sei... sou artista. — Sai de minha vida! Lágrimas e beijos. A reconquista se consolida.

Mas dá-se de repente o estouro inevitável. Kamiá e os meus regressam de São Vicente. E apoiada terrivelmente no velho e no filho, ela fez as duas hóspedes saírem de casa.

Conduzo-as primeiramente para o Hotel Carlon à rua Líbero Badaró. E procuro febril preparar o festival de apresentação a São Paulo da menina dançarina. Mas a própria velha se queima no incêndio amoroso.

Um belo dia as duas desaparecem de São Paulo. Estão decerto na Pensão Schray, em frente ao Palácio do Catete no Rio. Que aconteceu? Terá Landa sido sequestrada?

A velha Schindelar rompeu relações comigo. É evidente. Sigo para o Rio. Faço trinta viagens pelo noturno paulista, sem leito, porque o dinheiro falta. Durmo na minha cadeira ou no carro-restaurante. Vou e volto, tonto, trágico.

Em Belém, amanhece roxo.

Consigo falar com Landa que confirma, pelo telefone, a minha hipótese e me chama.

A falsa mãe me recebe na Pensão Schray, convencional, grave e triste. — Tudo isso porque nós encontramos uma carta de amor de Landa para o senhor!

Proponho combinarmos um modus vivendi tolo. Quero ficar de novo só padrinho.

Emílio de Meneses esbarrou comigo no Centro e fez piada. Acha-me sinistro e magro.
Telefono inutilmente para a Schray. O padrasto não quer saber de histórias. Negam-me o menor contato com Landa. Tomo porres de uísque, abordo possíveis amigos comuns. Tudo inútil. Passo e repasso em frente ao Catete. A linda prisioneira me avista, manda-me beijos da janela. Decido raptá-la. E cerco-me de dois jesuítas e dois aventureiros. Estes são Solfieri de Albuquerque, romântico, de bigodes, e o hierofante Múcio Teixeira, gordinho, vestindo sobrecasaca cinza, de cartola e monóculo. Ele se intitula Barão Ergonte e tem uma casa no Encantado que me oferece para as núpcias com Landa. É um grande imaginoso que disputou o Prêmio Nobel de literatura com um calhamaço intitulado *Terra incógnita*. Sua figura é o oposto da do literato em voga.

Vivo entre Rio e São Paulo. Convoco os amigos solidários. Guy. Ferrignac. Que fazer? Raptá-la. Rao, o sensato, acha que a única solução do meu caso é mesmo o rapto, a polícia e o pretório. Sem papéis nem nada.

Planejamos uma aventura. Na hora do banho do Flamengo, quando ela sair da pensão, de maiô, ao lado do padrasto americano, nós estaremos à espreita, sobre um caminhão que levará bem visível uma máquina de cinema rodando. Meus amigos ali estarão fingindo filmar. Eu passarei num táxi. Paro junto a eles, prego uns sopapos no americano e a recolho a meu lado. O caminhão vem atrás como se tomasse uma cena de filme. Se o americano quiser fazer barulho e chamar por socorro, todos gritarão:

— É fita! É fita!

Mas meus amigos não se animam. Temem não sei o quê.

Volto a São Paulo e rompo com Kamiá que faz filosofia barata:

— *Je suis une inutile!*

Começo a perceber cada vez mais as vacilações de Landa. O equívoco recobre o autêntico.

Em São Paulo recebo uma carta do jesuíta Padre Luís. Ele declara a propósito de Landa: "Suas inclinações não pendem mais para seu lado".

Volto num desespero ao Rio. Sei que ela está em casa de Coelho Neto. Chamo pelo telefone o bestalhão máximo da nossa literatura. Mudando a voz, finjo de missionário italiano, interessado em obter o concurso da dançarina para um festival de benefício. Irei raptá-la no antro livresco do escritor que ela frequenta. Mando-lhe emissários para combinar isso. Solfieri e Múcio voltam dizendo que ela recusa.

Ainda acredito que Deus não me abandonou. Mas minha desgraça é espetacular.

Padre Luís escreve-me do Rio confirmando isso: "O senhor deve aceitar as soluções do céu". Vou à missa em São Gonçalo.

A primeira conflagração mundial estourada em 14, põe seus pés em terras da América. Assisto, perdido numa multidão que ovaciona, a partida do primeiro contingente de reservistas italianos que sai de trem da Estação da Luz para ir se bater na Europa.

De pé, sobre o arco da ponte transversal, magro e de cartolinha, um orador gesticula. Ninguém ouve uma palavra do que ele diz, afirmativo, reincidindo em gestos enérgicos. É a gravura do ridículo que precede às hecatombes. A altura de que ele fala e o chiar das locomotivas que o incensam de fumaça não permitem a menor comunicação. O povo silencioso o cerca de todo lado. É a imagem coletiva da adesão. O homem quer lutar e luta como lutou na caverna, como lutará no derradeiro instante de sua vida sobre o globo. O comboio imenso deixa lentamente a gare sob aclamações, choros e delírios. Desenrola-se coberto de bandeiras, sob a chuva paulista, desaparece nos trilhos.

Resta um elo entre mim e a francesa Kamiá — nosso filho. Estou sozinho em São Paulo. Papai, ela e a criança ficaram em São Vicente. E a criada Elisa me passa uma manhã pela porta o seguinte telegrama: "Nonê muito doente, cólicas, vômitos, consulte Murtinho venha Andrade".

Viajo e a primeira pessoa que encontro em São Vicente é um velho charlatão chamado Dr. Jaguaribe que me anuncia que o menino está evacuando sangue mas que agora com água de arroz vai sarar. Soube depois que ele se recusara a ir ver o doentinho.

A chegada à casa da praia, às seis horas da tarde, foi sob um aspecto de dilúvio em que São Vicente se conservou até a nossa vinda. Uma incrível chuva de junho.

Nonê, no colo da ama portuguesa, tinha crises contínuas. Fui imediatamente ver um médico que antes viera e receitara. É um nortista afável que ancorou em São Vicente.

Passamos uma noite horrível, acordados, dando os medicamentos de hora em hora. O quarto está escuro e alagado de goteiras. Fora há a chuva ininterrupta e o barulho do mar. Amanhece na paisagem desolada de areia. Ao meio-dia, desfalecimento súbito do menino. Entregamo-nos ao maior dos desesperos, supondo que ia morrer.

Pela manhã, insone e descontrolado, eu tinha ido só à pobre igreja colonial de São Vicente, onde soluçara diante da imagem totêmica da Virgem de Lourdes.

Volto e faço um passe de mágica — quero que Kamiá renuncie ao menino que agora será filho de Nossa Senhora. Ela resiste no seu egoísmo de mãe mas cede ante a certeza órfica do milagre que anuncio.

Define chega e sugere a volta imediata a São Paulo. Meu pai é uma sombra atenta na casa. A criança arregala os olhos para os soluços altos, incontidos, de Kamiá. O médico chamado hesita em nos aconselhar. Mas acha que podemos arriscar a viagem. Cobra cinquenta mil-réis pelos seus serviços.

Procuramos sair mas não há automóveis que cheguem até ali debaixo do aguaceiro. Segunda noite de medicamentos e incertezas. Às cinco horas da madrugada, saio para Santos no primeiro bonde em busca de condução. Depois de tomar café no Centro entre choferes que se divertem com palavrões e marinheiros ingleses bêbados, encontro um táxi, às seis e meia. Às sete horas, conseguimos retirar o doentinho da casa da praia. Com Define, a ama e Kamiá iniciamos uma penosa viagem. A máquina velha quase se desmantelava nos solavancos, ao passar pelos alagadiços do caminho. Eu oro fervorosamente. Meu poderoso sentimento órfico reflui para a latitude semito-cristã em que fui formado. Repito o salmo de Davi: "Os anjos te levarão nas mãos para que não ofendas o teu pé em alguma pedra". Nesse momento o táxi atolou. Ficamos parados para mais de um quarto de hora na praia deserta e chuvosa, rodeando a criança.

Surge de São Vicente para a cidade uma máquina possante. Saio na chuva, faço-a parar. Três portugueses conduzem rojões para festejar Santo Antônio. Imploro para que desenterrem nosso carro da areia. Impossível. As rodas estão afundadas até o eixo. Mas os homens aceitam-nos no seu carro. E numa rapidez incalculável, como sobre uma nuvem, chegamos a tempo de alcançar o trem de São Paulo.

Estamos em casa. O Dr. Jacomino Define, irmão mais velho de Antônio, toma conta da criança que melhora e se salva.

Durante a provação e a angústia a minha certeza órfica se robustece. A minha confiança no sobrenatural parece definitiva.

Essa certeza órfica é uma alavanca presa geralmente à paróquia mais próxima de cada um. A fé que move montanhas. Daí a força das religiões que se contradizem, se batem entre si, mas dominam o mundo humano, totemizando a seu modo o tabu imenso que é o limite adverso — Deus. Por isso, não se encontra povo primitivo ou nação civilizada sem a exploração sacerdotal desse filão encantado que tece nossa esperança imarcescível. É a transformação do tabu em totem.

Sinto-me tranquilo e tenho notícias mais ou menos positivas da tragédia amorosa que encheu por tanto tempo meus dias e minhas noites. Sinto-me tranquilo e crente, curvo-me entregando o futuro ao que chamo de "vontade do Senhor".
Nova carta do jesuíta continua a me elucidar. Landa não é mais a Landa amorosa que foi. Esfriou, esqueceu-me, mudou de opinião, sei lá! Tomo o que chamo no momento de "atitude cristã e superior". Assim, respondo a Padre Luís aceitando a "vontade de Deus". Na minha carta ainda mantenho a esperança de que ela se salve. Talvez a minha renúncia seja, diante de Deus, o preço disso.
Meu pai de novo impreca e isso me revolta a ponto de pensar em recomeçar a luta. Mas como? Sem o principal elemento que é ela?
Vou a Santos tomar casa para outra temporada de inverno de papai, a quem Kamiá acompanhará com Nonê. E uma onda de recordações toma conta de mim.
Em frente ao caramanchão do Petit Parc no vasto estirão de areia de cor suja, sulcada pelas rodas das carroças que faziam silhueta sobre o horizonte marinho como naqueles dias, diante do grande mar e do pequeno rochedo de Urubuqueçaba, desgrenhado, revi o lugar em que fizéramos nossos túneis e mais longe onde ela escrevera na areia: *J'aime Oswald.*
Em São Vicente, respirei o grande ar marinho que fazia o ambiente alegre mas não a vida.
Volto a São Paulo de trem, sempre recordando. E de repente, com o frio da noite, um desânimo enorme apodera-se de mim, sinto necessária a renúncia de tudo, quero aconchego, olho em redor, Landa, Papai, Kamiá, Guilherme, Pedro, e sinto-me só.

Promovem um jantar na Vila Cerqueira César com Irmã Úrsula. Eu chego. Há uma pobre ovação.

Choro perto de Kamiá. Define declara que se me casasse com Landa merecia a morte.

Leio *Leur Âme* para grupos de amigos. Vazei principalmente nessa peça, que nos cafés escrevi em francês com Guilherme de Almeida, toda a crise amorosa que me oprimiu. Suzanne Déprés, de passagem por São Paulo, representou com Lugné Poe um ato dela no Teatro Municipal. Eu e Guilherme estávamos por detrás do palco. O teatro repleto. Recomendaram-nos que de modo algum, mesmo chamados à cena, aparecêssemos na ribalta.

Chego ao fim da dor.

Sem que ninguém saiba, volto de novo ao Rio. Chutei papai e Kamiá para São Vicente.

Pedro Rodrigues de Almeida acompanha-me até o Brás, onde me abraça. Ingleses rijos bebem e fumam no carro-restaurante.

Diviso pela vidraça, na noite sofrida, o pão de ló escuro da cidade, salpicado de confeitos luminosos. Minha alma recua pensando na possibilidade de revê-la. Puta!

Maupassant falava a respeito da mulher, na sua *"sensibilité à surprise"*. Que terá sucedido?

Cretinamente órfico, penso no mês de Maria. Jacareí lembra tio Luís, velho e espadaúdo. Soube que ele sumiu de casa para pedir esmola, a fim de levar o seu retrato à Nossa Senhora Aparecida. Promessa.

Estou mudo como Otelo na expectativa. No correr do trem, a lua amarela muda de forma e de lugar. Tenho sono, Landa! Não façamos o amor triste.

Luto para revê-la. Misturei no caso uma professorinha do Instituto que declara ter pena de mim. Mas o grande ilusionista desta vez é Solfieri de Albuquerque que afirma com otimismo ter lhe falado, que vai tudo bem, que ela está firme. Um sujeito me garante que ele é o maior lambedor da Capital Federal.

Múcio Teixeira sumiu no seu fraque mágico. Conheci-o na época de sua célebre entrada em São Paulo quando afirmou depois de assentada a candidatura Rubião Júnior a presidente do estado, que seria outro o eleito, um moço. Rubião morreu e foi escolhido Altino Arantes. A figura do Barão Ergonte me interessou apesar do ódio que tinha dele meu amigo Emílio de Meneses. O hierofante morava num quarto de pensão da rua José Bonifácio, onde restaurava virgindades, intervinha em casos escabrosos etc. etc. Era um assombroso sujeito. Agora, não o encontro na capital, isso me desola. Acostumei-me a vê-lo ligado à minha tragédia. A figura rubicunda e sinistra do hierofante, no fraque cinza, uma comenda a brilhar no peito, o monóculo caído, indo e vindo, levando formidáveis planos de campanha e trazendo surpreendentes derrotas.

Fui batido, humilhado e ofendido no coração e no brio pela mais bela e mais infame das mulheres. Penso em me destruir.

Kamiá não escondia suas predileções pelo perfeito mocinho Antônio Define. Querendo liquidar o entusiasmo mútuo de ambos, que se tornara visível e incômodo, consegui me apoderar de uma carta amorosa dela a ele. No mesmo dia, ela enviara também de São Vicente, onde acompanhava meu pai, outra carta a mim. Tendo aberto ambas, em vapor de água, troquei as cartas, fazendo com que Define recebesse endereçada a ele a que fora escrita a mim. Isso indicava que ela se enganara, colocando a carta amorosa a ele no meu envelope. Foi um susto e uma imediata suspensão de relações. Antônio Define riscou-se dentre os frequentadores da casa da rua Augusta. Sumia assim, comodamente, de minha vida. Fifine, o católico impoluto, prenhe de virtudes domésticas, cívicas e sonetais. Não denunciei a meu pai o ocorrido. Dormia sozinho num quarto enquanto no outro Kamiá fazia crescer Nonê e continuava seus deveres filiais para com o velho e a casa.

Isadora Duncan está dando espetáculos no Rio. Sigo de novo para lá.
Continuo tristemente órfico. Na viagem de noturno, em meio do caminho, desci a vidraça e o grande céu estrelado da Aparecida, para que tantas vezes olhei pasmado do largo da Matriz e da porta do velho hotel de Dona Marciana, anunciou-me a aproximação do Santuário. Quando, da curva negra dos campos, rebentou a ladeira de luzes rodeando as duas pontas da igreja, soluços estalaram-me no peito e lágrimas molharam-me o rosto.

Mas Landa é a mais extraordinária das putas. Vi-a, vi-a saindo do banho às quatro horas da tarde. Ela me olhou, abriu a boca, voltou violentamente a cabeça e cobriu-a com a mão num gesto inconfundível de pavor. Filha de três gerações de putas!
Múcio Teixeira me leva ao Encantado para ver o inútil cenário de amor que nos preparou.

Janto no Hotel Moderne em Santa Teresa onde estão artistas franceses que contam histórias pitorescas de Isadora Duncan. Ela também está hospedada aí.
Guilherme está comigo. Encontramo-la à saída da mesa. Ela tem gestos de estátua. É feia de rosto, tem o maxilar duro dos americanos mas sua plástica esplende na túnica alva que veste. Belos gestos de estátua. Traz um molho de rosas no braço. Abor-

damo-la encabulados. Recebe com sorriso o volume de *Mon Coeur balance* e *Leur Âme* que fizemos editar. Isadora fala francês e diz que quer me ver em São Paulo.

Landa prepara a sua apresentação de dançarina num espetáculo que será dado no Teatro Municipal do Rio. Solfieri de Albuquerque pinta-a carregada por toda uma geração de escritores através de redações de jornais. Cercam-na, entre outros, o roliço e burro Sebastião Sampaio e Olegário Mariano.

Volto a São Paulo completamente desmoralizado. Falharam as mágicas de Múcio Teixeira, as intrigas de Solfieri e os conselhos jesuíticos dos padres. Foi-se embora aquele belo sonho *"d'une calme existence à deux, sous le regard des anciens dieux du foyer"*, como eu dizia em francês.

Por um acaso bom vimos nos encontrar na minha casa da rua Augusta, Pedro, Otávio Augusto, Guy e Inácio. Jantar de homens. Vinho e discurseiras. Papai, Kamiá e Nonê continuam em São Vicente.

Pedro Rodrigues de Almeida evoca a cabecinha loira de Landa.

Otávio ergueu-se e teceu num comovido improviso o romance da eterna pesquisa, da eterna procura, da eterna mágoa da miragem. Fê-la dançar diante de nós, a cabeça tentante e fugidia, fê-la ir e vir, positivar-se e sumir. Ela era bem a visão desse desejo do impossível que a todos nos inquieta. Era a realização do inachado, do irrealizável, a promessa do nada. A ela, que nos mantinha a todos e a mim em particular nesse estado deslumbrado e doloroso da caça ao ideal, ele erguia a sua taça de vencido.

Pedro replicou chamando, ao contrário, o poeta de vencedor porque nestas questões da mulher e do amor a vitória consiste somente na posse da verdade inquietante que ele com tanto brilho enunciara. Tinha falado numa cabeça loira que se toma com carinho, dizia mais, que se toma pelos cabelos, melhor, que se recosta sobre o peito. Cabeças loiras, ruivas, castanhas, negras, quem as não tem tido? Pedaços de mulher, qual de nós não os teve? Mas uma mulher inteira... Regozijava-se de ter em Otávio um companheiro de jornada pois via que ele também conhecia o profundo escorregadio de *Leur Âme*.

Vazei, como já disse, minha desgraçada experiência amorosa nas duas peças que escrevi em francês com Guilherme de Almeida.
 Refletem elas a descoberta da mulher, verídica no seu sexo e no seu destino. Foi a descoberta das vacilações naturais de Landa, aumentada pelos meus preconceitos e pela minha formação patriarcal.

Vou desgastar meu sofrimento em cabarés e pensões de mulheres. Mas nenhuma me atrai.
 Vêm a São Paulo os artistas franceses que conheci no Hotel Moderne. Com eles, o escritor belga Fonson, autor de *Mlle. Beulmans*. Este conta que em sua terra as crianças pobres têm um único divertimento, *Papa pête et on rit*. É o estado da Europa antes da Revolução Russa.

Isadora Duncan está em São Paulo. Vou visitá-la como prometi no Rio. São cinco horas da tarde. Hora elegante, hora do chá inglês que o mundo adotou, hora clara em que estão presos todos os demônios e atadas as mãos das feiticeiras e dos elfos.
 Depois de lambiscar o meu jaquetão numa vitrina que faz espelho e endireitar o laço da gravata, dirijo-me corretamente para

o edifício gris da Rotisserie Sportsman, na rua de São Bento, esquina da Direita, o mesmo que faz hoje fundo para a praça do Patriarca.

O porteiro solícito comunica-se com o apartamento, dá o meu nome, que estou certo de ela já ter esquecido, e pede para que eu espere. Minutos atentos. Desce pelo elevador um moço alto e loiro, procura-me, em francês. É o pianista Dumesnil que acompanha a artista em suas tournées.

— Madame vous prie de venir la voir après le spetacle.

Estou jogado de novo na rua mas, mais do que na rua, sinto-me dentro de um problema terrível. Como? Visitar uma mulher extraordinária a horas mortas num hotel, depois do espetáculo. Isso é o cúmulo da falta de educação, da falta de linha, da ausência de escrúpulos. Serei eu por acaso um valdevinos, um personagem fescenino de Paulo de Kock? Eu, aquele menino gordinho que saiu virgem das saias maternas aos vinte anos, sobrinho de tio Herculano e ex-redator do *Diário Popular*? Nunca, mas de modo algum terei a imoral coragem de beneficiar-me de um convite com certeza errado, para surpreender no íntimo de tais desoras uma celebridade inconfundível da cena mundial que se acha de passagem por minha cidade. O próprio porteiro, tão amável agora na sua sobrecasaca de botões dourados vai me agarrar pela nuca levando-me à porta aos pontapés. Ou o ascensorista saberá barrar a minha audácia e castigar o meu cinismo reconduzindo-me ao andar térreo, sem dizer palavra, quando eu lhe anunciar o apartamento que procuro. No entanto, o acompanhador da dançarina soubera perfeitamente me encontrar e dar-me o estranho convite. Depois do espetáculo...

Não sei nem como nem onde jantei, completamente alienado. Sei apenas que tudo me conduziu, mesmo as pernas, até o Teatro Municipal que esplendia de luzes e de gente. Isadora Duncan estreava em São Paulo.

O pano se levantou e eu vi a Grécia, não a Grécia livresca dos sonetões de Bilac que toda uma subliteratura ocidental vazava para a colônia inerme. Eu vi de fato a Grécia. E a Grécia era uma criança seminua que colhia pedrinhas nos atalhos, conchas nas praias e com elas dançava. O cenário unido duma só cor abria-se para vinte e cinco séculos de mar, de montanhas e de céu. E do fundo duma perspectiva irreal, as sombras da caverna platônica tomaram a carne virginal de Ifigênia para ressuscitar a realidade única. A voz do piano arquiteturava Gluck. Essa mulher é alga, sacerdotisa, paisagem.

Deixei estonteado o teatro, a gente. Perdi-me de novo na cidade. Atravessei o viaduto velho, custei a estacar. Um endereço me enlaçava. Aquela deusa tinha me mandado dizer que viesse vê-la. Mas como? Ousaria a temerosa empresa? Quem era eu diante da deidade boêmia e esvoaçante que, em plena decadência bailárica, restaurava a dança e abrira para o seu século o prenúncio de um renascimento patético da plástica e do ritmo? Quem era eu, o menino que vivia das sopas de Cerqueira César, para afrontar de perto, sozinho e a horas mortas, o gênio andejo da mulher despida que levara o escândalo de seu espírito e o fascínio de sua carne às cinco partes do mundo? Quem era eu, o filho bem-educado de Dona Inês, o rapaz que tinha família em Caxambu, o matriculado na Lógica do Padre Sentroul e no Direito Romano do Professor Porchat, para suportar aquele sopro de tempestade shakespeariana!

Era evidente que ir ao hotel, antes de ela ter chegado, seria a pior das gafes. Um xereta, um penetra inominável, um madrugador de festins. Rodei desarticulado pelas vizinhanças. A fria madrugada paulista anunciava-se quando me tomei de coragem, a coragem dos suicidas, e me dirigi à portaria da Rotisserie Sportsman.

— *Madame vous dit de monter!*

Rocei os dedos na porta indicada, ela talvez já estivesse dormindo e discretamente eu me retiraria. Mas o quarto estava aceso e ouvi risos lá dentro. Antes assim!

Dumesnil abriu a porta, me acolheu. Disse duas besteiras à deusa de verde que sorria no maxilar índio. Sentei-me e notei, a um canto da antessala onde estava, uma mesa posta com dois lugares, tendo no centro um balde onde gelava champanha. Quem seria o feliz conviva de Isadora Duncan? Com certeza, o próprio pianista. Quando já estava disposto a despedir-me depois da discreta aparição que fizera, Dumesnil levantou-se, disse-nos adeus, saiu para o corredor e para fora. Estávamos sós, eu e ela.

Isadora então fez-me sentar à mesa da ceia, tocou a campainha, chamando o garção para servir.

Entre os frios e o primeiro prato, ela movimenta um pequeno gramofone. Levanta-se esgalga, a cabeça alta, um xale ao ombro na penumbra que o quarto ao lado indiretamente ilumina. É um tango que ela desenvolve numa estatuária louca. Entre a Vitória de Samotrácia e o primitivismo arcaico de Moore. O tabu majestático me dissolve. O Tabor plástico me anula. Recolhi-me voluptuosamente à dimensão negativa do meu ser. O meu estado de humilde angústia diante do gênio me faz esquecer a mulher. E do fundo do meu ser enamorado por outra, sobe a esperança de que ela possa salvar Landa prisioneira, possa fazer Landa realizar--se como ela.

Com o champanha a minha gafe atinge o paradoxo. Landa. O meu drama reflui como o sangue sobe ao coração. Tiro do fundo de um bolso uma fotografia amarrotada da dançarina do Catete. Isadora tem um gesto altivo de ombros.

— Que idade?

— Dezesseis anos...

— Há dez mil como essa pelo mundo!

Minha rata tocou o paroxismo kirkegaardiano. Sinto que me emporcalhei. São três horas da madrugada. Só há uma coisa a fazer — sair. E sair depressa. O barco da vida desceu, bate no lamaçal do fundo.

Estou de novo entre prédios, na rua penteada pela garoa paulista. Ando. Ando.

Vão comigo as taras da negatividade e do fracasso. Caminha em frente minha estrela negativa.

Isadora e eu nos tornamos os maiores amigos do mundo. Como seria linda a vida se a compreensão, a inteligência e a sensibilidade dominassem as relações humanas! Tornamo-nos duas crianças. A ponto tal que, tendo a minha família tornado de São Vicente, Kamiá internou-se, graças aos desvelos de Irmã Úrsula, num quarto particular da Santa Casa, onde foi se tratar de uma crise de salpingo-ovarite. E todas as noites Isadora Duncan me acompanhava num táxi, ficava me esperando num canto de rua nos fundos do hospital, enquanto eu ia colher notícias da doente e tomar providências.

Andávamos de carro por São Paulo inteiro. Ela me fazia descer para pedir flores estranhas nos jardins das casas. Fomos a Osasco e, num pôr de sol entre árvores, ela dançou para mim, quase nua.

Nossa camaradagem, no entanto, em nada se modificou. João do Rio aparecia, gordo, careca e elegante. Ela uma vez o interpelou sobre sua conhecida pederastia. E ele respondeu: — *Je suis très corrompu.*

Isadora apresentava uma visão do mundo completamente diversa da usual. Quando lhe falavam num cáften, intervinha: — *Un maquereau? Non! C'est un jeune faune!* As mulheres eram ninfas. E indagava numa ligeira aflição que dava encanto ao seu mau francês carregado: — *Pourquoi les hommes doivent marcher toujours comme ça? Et pas faire d'autres gestes?*

Falava comovida em seu filhinho, morto com a irmã num desastre terrível em Paris: — *Il était beau comme un jeune dieu.*

Viria para o Brasil, fundar aqui uma escola de dança e um harém.

Chamava de intelectual a paisagem grega: — *Des oliviers, un soleil brulé et les colines qui prennent exactement les formes classiques de L'Hermes conché.*
Distinguia os argentinos dos americanos. Aqueles eram *des brutes chauds*, estes *des brutes froids*.

Anuncia-se o espetáculo de Landa no Rio. Isadora partiu. Sem um vintém. Gastou tudo em Niersteiner, um vinho que tem gosto de violetas.
Levo-a à Estação da Luz num carro onde ela se desnuda, rindo ao lado de Dumesnil. Partiu a falena genial, a doidivanas genial partiu.

Anda por São Paulo uma porção de gente estranha, escritores, artistas, o nosso cônsul no Egito, um conde malvestido chamado Debané que diz que o país da Esfinge é hoje somente uma imensa fazenda de algodão. Não sabemos disso porque conhecemos esse país através de Lamartine, Chateaubriand, Hugo e de um livro francês escrito em português — *Fradique Mendes*.

Escrevo no meu diário da época: "Landa ratou no espetáculo de anteontem no Rio. Os jornais dizem-lhe grosserias. Os rapazes da literatura falharam".
Ricardo Gonçalves matou-se, envolvido numa tragédia amorosa. Ele tinha o meu coração inicial. Guardou-o intato para esfacelá-lo com um tiro, levado no arrastão do ciúme patriarcal.
Depois de vê-lo no necrotério, vejo-o no caixão abafado de flores. Parece sereno. Uma mulher bonita e nova acaricia-lhe os cabelos pretos, a face fria e beija-o e conversa baixo com o cadáver.

Resultado do espetáculo do Rio: a Senhora Schindelar escreveu-me uma carta mal-arranjada. No final vêm duas linhas de Landa.

Na pensão da rua José Bonifácio, o hierofante Múcio Teixeira, que tem em seu quarto uma cliente chamada Zizi, exclama para ela com voz de mistério, diante de um baralho:
— Não! São duas princesas...

Sou redator do *Jornal do Commercio*, edição de São Paulo. Convite de Valente de Andrade que a dirige, confirmado por Guastini que secretaria.

Landa escreveu-me carta inteira dizendo que quer vir para São Paulo.
Numa manhã do Hotel Carlton, onde estão hospedadas as duas, Landa me declara: — Sou uma infame! E eu escrevo no meu diário: "Landa, nunca dançaste tão bem as 'Ruínas de Atenas'!".

Que irá suceder? Qualquer coisa de enorme, de inelutável desmantela o meu sonho. Landa me afirma que não aceitou as minhas sugestões de fuga porque se deixou levar pela velha para contatos com homens que a procuravam. Fez um filme. Nada houvera de grave mas ela sentia que tinha sido infiel ao nosso sonho. Não merecia mais a vida que nos prometêramos. Era uma infame.

Meus preconceitos patriarcais se eriçam na direção da renúncia. Nosso amor devera ser perfeito ou não subsistir. Ela sofre crises terríveis. No meio dos ensaios de dança, desaba inteira no soalho. Preparamos penosamente sua apresentação prometida ao público paulista. Será no Teatro Municipal. Mas está tudo roto, acabado.

Uma tarde ela diz que deseja apenas pedir-me uma coisa — que não a deixe sair de São Paulo, a cidade onde vivo. Aliás, não chegará ao Rio com a velha. De modo algum. Jogar-se-á num pulo pela janela do trem que a levar. Sabe que não se casará mais comigo. Mas não quer estar longe da única pessoa em quem confia.

Consulto os amigos — Amadeu Amaral, Roberto Moreira, Rao, Guilherme.

Só resta, para salvá-la, uma solução jurídica. A intervenção legal que a ampare contra a velha, a insinuada caftina. Mas será preciso que ela própria tome a iniciativa. Exponho o caso no Foro ao juiz de menores Adalberto Garcia, ao curador José Augusto Pereira de Queirós. Ambos prontificam-se a defender a pequena explorada. Defendem assim a sociedade e a moral cristã.

Landa parece extremamente firme em seus propósitos. Os amigos interpelam-na. Está disposta a procurar sozinha a Justiça e pedir amparo contra a velha.

Planeja-se tudo minuciosamente. Ela, depois da apresentação de seu programa à imprensa e à crítica, deixará o teatro, a caminho do Foro.

Produz uma amostra de arte deslumbrante para poucas pessoas reunidas na plateia. Culmina com *A morte do cisne*, de Saint-Saëns. Sousa Lima está ao piano. Acabou-se o espetáculo. Ficamos todos a postos, despistando a velha. Ela vestiu seu vestido mais humilde. Sousa Lima tira sonoridades graves do órgão. A dançarina desapareceu pela porta dos fundos. É Vicente Rao quem a conduz pelas ruas do Centro até a porta do Foro, onde a deixa.

O escândalo foi enorme. Com uma boa imprensa no começo. Todo mundo louvou o gesto da dançarina. Mas a velha investiu acompanhada do advogado Spencer Vampré. Parte da imprensa modifica seu juízo. Há um caso de amor no meio. Têmis e Cupido se enlaçam, comenta a província.

Instaurou-se o processo de tutela. Na mesma tarde da fuga, eu e Guilherme de Almeida acompanhamos, num táxi, outro táxi onde vai a pequena fugitiva, acompanhada de um oficial de justiça preto chamado Aleixo. Os dois carros dirigem-se para Santana, onde ela é internada no colégio das freiras.

O nosso estaca à distância. Na garoa, o oficial de justiça, antes de entregá-la, vem até nós e me traz uma flor: — É para pôr na sepultura de sua mãe.

Em casa, o alvoroço atinge o auge. Meu pai e Kamiá estão certos de que eu a raptei para me casar. Inútil qualquer explicação. O velho me espera acordado à noite para os piores insultos.

Forma-se uma onda reacionária que exige que ela seja retirada de um colégio familiar e colocada num asilo de perdidas — o Bom Pastor no Ipiranga. Isso me revolta profundamente. Vou à rua São Luís, ao palácio do Arcebispo Dom Duarte, amigo e aliado de meu pai, e lhe declaro que só uma coisa fará o meu casamento com Landa. Se ela for para o Asilo do Bom Pastor irei buscá-la para ser minha mulher. Ninguém acredita e ninguém compreende. As tardes são horríveis, as noites horrendas, as manhãs lúgubres.

Em casa, rolo pelo chão. Parte uma diligência com um médico para examiná-la no colégio. Na redação do *Jornal do Commercio*, onde ferve o escândalo, um colega vem me dizer que ela está grávida. Passo uma madrugada infernal. Às cinco horas, beijo meu filho que tem dois anos e com meu Browning armado dirijo-me num táxi ao colégio de Santana. Consegui ligação com ela através de uma freira. Mando buscá-la. O táxi ficou esperando fora. No caso de confirmação, levá-la-ei para as matas próximas da Cantareira onde serão encontrados dois cadáveres no dia seguinte. Mas ela aparece, magoada e linda. Não houve nada.

A leitura dos jornais adversos me dá sensações de sova de pau no corpo. Babi de Andrade desforra-se pelo *Parafuso*. Publica seis números sobre o caso de Landa.

Mas eu e ela continuamos firmes e sensatos. Os amigos nos apoiam. A Justiça é sensível. Vou ao Rio. Revejo a Schray escancarada. O quarto parece ter uma luz de lamparina.

No Hotel Avenida, onde me hospedo, peço ao garção os jornais pela manhã.

— Não quer a *Gazeta*?

Trata-se da *Gazeta de Notícias* que eu não leio.

— Olhe que lhe traz o retrato!

Vem o jornal. Numa *manchette* que ocupa toda a página, vejo: "Landa Kosbach estará grávida?". Embaixo o meu retrato com a indicação: "O sedutor".

Uma doce angústia me oprime. Quem sabe se o futuro porá em ordem tudo isso?

A velha me insulta em cartas importunas. Chama-me de "Aranha Vermelha". Mas tudo se acaba como uma história de morta.

Voltei à Faculdade de Direito para completar o meu curso como desejava mamãe. É o carinho de um amigo, Jairo de Góis, que me matricula.

Numa roda de bar, Pereira Lima declara: — Quer um remédio para o amor? Uma bala na cabeça. Vai para a Beneficência Portuguesa. Se sarar, sara também da paixão. Foi o que eu fiz.

No enlouquecimento dos dias trágicos passados, quase resolvi-me a isso. Cheguei a ir ver, no caixão, o corpo de um suicida. Filho do político Albuquerque Lins. Para olhar como eu ficaria. Depois, dia a dia, tudo se dissolveu.

Sinto às vezes acabrunhamentos incríveis. Mas volto à tona com uma tremenda tenacidade.

Tenho horas de profundo abatimento, de luta e de desespero, de consciência da derrota.

Vejo Landa, ao lado de uma freira, na cidade, deformada por uma gordura sadia de colegial. Deformada e anônima no cenário da cidade que a aclamou. Visito-a ocultamente. Ela me diz: — Precisas te habituar a me ver assim. Vou ser freira.

De fato, cada dia mais se aparta de nós a possibilidade de uma reconciliação, ou melhor, de uma ressurreição. É inútil todo esforço. Amávamo-nos demais!

Guilherme de Almeida batiza o seu primeiro livro, o *Nós*. Di de padre, Rao a madrinha.

Escrevo em letras garrafais em meu diário íntimo: "Introdução ao episódio de Miss Cyclone. *Requiescant* Landa *et* Miramar! Chorai por eles!".

Em minha casa calma da rua Augusta, a professora de piano de Kamiá, uma moça chamada Antonieta que mora ao lado, na rua Olinda, traz para o almoço uma prima esquelética e dramática, com uma mecha de cabelos na testa. Chamavam-na Daisy. Parece inteligente. Convido-a cinicamente a amar-me. Ela responde: — Sim, mas sem premeditação. Quando nos encontrarmos um dia. Pergunto-lhe que opinião tem dos homens. — Uns canalhas! — E as mulheres? — Também!

Tenho um episódio violento na sala da redação do *Jornal do Commercio*. São três horas da tarde. Estamos fora de qualquer horário de trabalho. Eu entro de chapéu na cabeça, a fim de procurar qualquer coisa em minha mesa. O gerente português que se chama Matos e implica com todos nós me interpela violento: — Tire esse chapéu da cabeça! — Vem tirar!
 Espanco-o, caio, levanto-me. Ele está no telefone, gritando: — Chama um polícia!
 Sou suspenso por três dias. A briga física me trouxe um grande desafogo.

Como repórter, vou a uma festa no Conservatório Dramático e Musical. O Dr. Sorriso que é o Elói Chaves, Secretário da Justiça, faz ali uma conferência de propaganda dos Aliados. Quem o saúda é um aluno alto, mulato, de dentuça aberta e de óculos. Chama-se Mário de Andrade. Faz um discurso que me parece assombroso. Corro ao palco para arrancar-lhe das mãos o original que publicarei no *Jornal do Commercio*. Um outro repórter, creio que d'*O Estado*, atraca-se comigo para obter as laudas. Bato-o e fico com o discurso. Mário, lisonjeado, torna-se meu amigo.

Cavações para Di Cavalcanti ficar em São Paulo. Conheci-o uma noite, na redação, trazendo-me um cartão de Amadeu Amaral. Era um menino esquelético e triste. Chora o dia todo numa água-furtada.

Estreitam-se as minhas relações com Daisy que chamamos de Miss Cyclone, acentuando na primeira sílaba. É órfã de pai. A mãe, casada de novo, mora no interior, em Cravinhos. Ela estuda na Escola Normal e mora na casa da prima, à rua Olinda.

Alugo uma *garçonnière*, à rua Líbero Badaró, nos fundos de um terceiro andar. Estamos no ano de 17. Dessa época, do ano de 18 e até 19, componho com os frequentadores da *garçonnière* e com Daisy, que se tornou minha amante, um caderno enorme que Nonê conserva. Chama-se — uma ideia de Pedro Rodrigues de Almeida — *O perfeito cozinheiro das almas deste mundo*.

A roda é outra, bem diversa da de *O Pirralho*. Sumiram Dolor de Brito, Voltolino e Antônio Define que vai abrir banca de advogado no interior, em Penápolis.

Aparece o estudante Sarti Prado que passa a frequentar a minha casa. Tem escritório com um caipirote esperto e advoga.

Aparecem na *garçonnière* três futuras celebridades das letras pátrias. São Monteiro Lobato, Menotti Del Picchia e Léo Vaz. Guilherme de Almeida e o desenhista Ferrignac (Ignácio Ferreira), acompanhados às vezes de Edmundo Amaral, estreitam relações comigo e vêm sempre. Pedro Rodrigues de Almeida é o único que fica firme. Inicia a sua carreira de autoridade policial no interior mas está sempre em São Paulo. Daisy anima a turma toda.

Aliás, em 1917 como já referi, um encontro com o estudante Jairo de Góis, meu velho amigo de *O Pirralho*, decide de meu diploma de bacharel em Direito, pela velha Faculdade do Largo de São

Francisco. Em 1912, quando fui à Europa pelo *Martha Washington*, já estava matriculado no terceiro ano. A voz de minha mãe chega à minha memória. Deitada no eterno sofá de palhinha em que se invalidaram seus últimos anos, ela me recomenda que tenha um diploma. Posso precisar dele na vida. Sua confiança na fortuna que me darão os terrenos da Vila Cerqueira César não é cem por cento. Muito menos a que decorre de minha vocação literária.

O episódio trágico da gripe amortalha a cidade. Chamam a doença de *espanhola*. Tomou conta do mundo. Caiu também sobre São Paulo enlutando tudo. Seis semanas lívidas, intérminas. Sinto que a peste é pior do que a guerra, pois chega quieta e tira o sentido de orientação para qualquer defesa. A gente não sabe donde vem o obus silencioso.

A cidade mobilizou médicos, hospitais, enfermeiras. Os enterros povoam as ruas. Grandes coches fúnebres atravancam o Centro. Inúmeros caixões desfilam pelos bairros.

Lembro-me de um encontro cauteloso e furtivo com a Cyclone, na *garçonnière*, por um dia. Levo-a ao Rio, também já assolado pela gripe. O mesmo trágico espetáculo.

Em casa, ninguém sofreu nada. Perdi três dúzias de conhecidos e amigos. A doença foi como veio.

Pedro Rodrigues de Almeida escreve do começo ao fim do diário: "Muito de arte entrará nestes temperos, arte e paradoxo, que, fraternalmente se misturarão para formar, no ambiente colorido e musical deste retiro, o cardápio perfeito para o banquete da vida".

Diante dessas páginas que Pedro vitaliza, muito me admiro de ele ter sido o maior e talvez o mais trágico fracassado de sua geração numerosa. Era o oposto do marginal, comunicativo e sedutor, sem nenhuma marca de talento agreste ou solitário, antes escrevendo o médio do bom gosto, cultuando atitudes católicas e tradicionalistas, relacionadíssimo em seu meio, tudo indicava a facilidade de altos postos para suas razoabilíssimas pretensões. Nada disso, no entanto, aconteceu.

"Primeira receita. Nos casos de amor, à Dulcineia prefira-se a Dulce nua." É de maio-30 do ano 17 e escrita pela minha letra. Há logo abaixo uma severa observação da Cyclone: "Ri devagar".

Pedro escreve: "Em torno da mulher, os homens formam duas correntes completamente diversas e opostas: uns procuram materializá-la, cultivando-lhe a carne e abafando-lhe a alma; os outros anseiam por espiritualizá-la demais, eriçando-a de complicações psíquicas. Como são raros os trânsfugas dessa generalidade bipartida que compreendem bem que ela, a fútil e gloriosa herdeira de Eva, é composta de corpo e alma, só esses são capazes de plasmá-la completamente no grande sentido, fazendo-a integral, forte e tranquila. Honra a eles!". Assina João de Barros, é o pseudônimo comedido que adota. Como se vê, ele é o perfeito *académicien*. Curioso contraste. Um tal conhecedor do eterno feminino casou-se com a primeira caipira brava que encontrou na sua primeira delegacia de carreira.

A 1º de junho, anoto: "Manhã só, manhã triste. O Sr. de Kubelick, pálido e cabeludo, tropeçando no tapete, chega e toca Rubinstein para eu ouvir. Lá fora briga-se por causa do Cônego Valois. Ontem entrevistei Pavlowa. Ela tem marido, cachorro, frio e boceja como qualquer de nós". A *garçonnière* tem uma pequena fonola e alguns discos.

Anoto: "*Some Sunday morning*". É uma música americana.

"Pedro ri literatura. Estivemos na missa de São Bento e à vista dos últimos telegramas, pensamos na derrota da França. Os alemães bombardeiam Paris. Ferrignac comprou um papa-capim. Nadje, que tem cabelos de bronze, um cunhado de ferro e uma frágil alma de cristal, mandou-me um cartão com isto, litografado sobre uma paisagem de folhinha: 'A tua ingratidão me mata'."

O meu nome é Miramar. Passam por São Paulo celebridades. Levo Nijinski à casa do Maestro Chiafarelli, de bonde. Creio que ele já está doido. E eu também!

Durante o trajeto Nijinski não disse uma palavra. Parecia também não pensar nada. Estava doido mesmo.

Viagem de volta de Ferrignac à Europa com a italiana gorda, Pina, modista com quem vive. Ele afirma que a Pina "*es de vidrio!*".

Pedro declara que "A Cyclone é um desenho moderno. Ela sozinha basta para encher um ambiente intelectual de homens do quanto ele precisa de feminino, para sua alegria e para seu encanto. Ela é multiforme e variável na sua interessante unidade de mulher moderna".

Anoto entre "reflexões sobre Daisy": "Se a Cyclone estivesse entre os ventos da tempestade clássica de Virgílio, Enéas não escapava".

"Trocadilho paradisíaco de Adão (o primeiro da terra) — É preferível ser pente a ser mulher."

A Cyclone também escreve. Declara: "O passado ser-me-á sempre a grande chaga".

"Viva a Bacanal de Glazunov!"

"O cisne desliza agonizante na fonola. Está tudo azul, o céu, a vida, a tinta. Até logo. Vou ver se os alemães tomaram Paris."
Notas sobre a literatura do Pedro que fala do "*hinterland* da maleita e do sentimento".

Meu otimismo voltou depois de encerrado o caso Landa Kosbach. "Trago rapadura de cidra e uma alma pré-homérica cheia de pinga com limão. Positivamente amanhece na vida."

"Lobato esteve aqui e esqueceu as provas dos seus *Urupês* sobre o sofá."

"Viva a Mimi Pinson de Chicago!"

A Cyclone escreve atribuindo a Viviano (Edmundo Amaral): "A Cyclone é a esfinge do deserto do Brás". Ela passou a morar no Brás, na casa de uma tia professora, tendo deixado a rua Olinda onde a conheci.

Anoto: "Emílio de Meneses morreu ontem no Rio. Uma época morreu com ele".

"Os amores da Cyclone infelizmente não têm somente *sergents de ville*, têm também *cambrioleurs*." É que há qualquer mistério que minha amante vagamente refere. Um sujeito esquisito do Brás.

Caricaturas, minhas, de Daisy, de Jeroly, de Viviano, de Guilherme e de Rao enchem páginas do diário. São de Ferrignac.

"A fonola convida à dança pela magia persuasiva de Karl Maria Weber. Depois é Isolda que entrega a alma ao criador, numa arcada de violino. Depois, o capricho poderoso de Rubinstein que agita um teclado onde segue a melancolia patriótica de Chopin. Sem isso também, que seria a vida?"

Ferrignac escreve: "'Minueto' de Bocherini. Como rola triste a vida no covil de Miramar! Encontrei discos novos, indícios mui vivos de grossas transações de terras. Cerqueira César, a Sion, a Meca, as terras trigueiras de Canaã de todos nós!".

Ainda Ferrignac: "'Momento musical' de Schubert. Volto do guarda-comida. Que miséria! Na vastidão da segunda prateleira, uma bojuda lata de manteiga dorme o seu sono de sebo; ao lado uma altiva garrafa de mel açucarado chora saudade do tempo em que foi líquida. Indícios mui vivos de magras transações de terras".

Continuo a trabalhar no *Jornal do Commercio*. "Fui à redação do jornal. Encontrei lá um retrato para mim. É de Ana Pavlowa. Trouxe-o para cá. Na primeira parede, à entrada da *garçonnière*, a dançarina ergue-se ligeira num fundo negro entre reproduções célebres e loucuras do Di. Sê bem-vinda, Pavlowa, no retiro musical onde, no desconforto das noites longas, fazem ronda o pálido Kubelick, Beethoven e Rubinstein e ressoa em tímida surdina, para que o vizinho não acorde, a trompa profética de Lohengrin."

Derrota italiana do Caporeto.

De Ferrignac: "Sol enfim! Céu de faiança hispano-árabe. 'Momento musical' de Schubert que é a minha morfina. Depois, caninha com limão. Mais caninha com limão. A mucama do Guy, alegre como um canário, desafoga a alminha das coisas sem nome que nela tumultuam... Nada de Viruta. Fadigas amolecidas das rapaziadas de ontem. Céu de faiança hispano-árabe...".

Cyclone desaparece por um mês. Todo mundo reclama.

Versinhos do Guilherme.

"Daisy reapareceu numa nuvem de agasalhos, de luvas e *beret*, ilustração fugidia deste inverno de três graus. E como veio, partiu, sonho fugaz, alma trotinante da rua, literatura, busca-pé de meu São João sentimental!"

Notícias da guerra na Itália.

A Cyclone voltou ao Brás.

Há o sinal de um grampo enferrujado na página 57. Ferrignac escreve: "Entre as almofadas amarrotadas, sobre o *matelas* de cretone claro, encontro este grampinho. De quem será? Da Amélia-Turca? Daquela senhora de buço preto que o Viruta aqui trouxe? Ou este gancho caiu da mecha fatal da Cyclone Toda-Poderosa?".
"Cyclone não veio. Da sua última visita, tumultuosa, incoerente, me ficou a última frase: 'Não acredites mais num homem para que não fiques sabendo que existe mais um cão sobre a terra'."

Uma nota da Cyclone, com sua grande letra: "Miramar, estou sequestrada, que horror! Não saio mais à rua sozinha! Socorre-me!".
Ventania, pseudônimo de Ferrignac, escreve: "Ontem estive em Santos, vestíbulo encardido da decadente Europa. Complicações na duana, fonte inesgotável de minhas amarguras. Malas da Pina. Caixas da Pina. Engradados da Pina. Cheguei à noite. No meu apartamento, Viruta — que viruteou até muito tarde. Lemos coisas do Sr. Thiollier, montão gástrico de bolo literário. Depois, apressadamente oxigenamos nossos cérebros contaminados com a prosa luminosa de Augusto de Castro. Boas risadas, tempestuosas gargalhadas. Em cima, no segundo andar, uma mulher chorava. Era um lamento abundante e inconsolável. Hélas! Contristados recordamos doloridamente os versos de Samain — *Nays et Lidé* — virgens de quinze anos que:
sanglotent doucement dans le soir infini...".

Ferrignac faz literatura: "Wagner... Um bocado de infinito. Alemanha de Margarida, na fria névoa das cidades góticas. Sob as estrelas, Satanás — o bom rapaz das serenatas — concita as Cyclones loiras e enigmáticas ao Pecado Rubro e Fatal. Agora são rondas de *nixes* e *willis* à macia claridade das florestas de legenda. Nas volutas azuis dos acordes abemolados, atrás da poalha d'oiro das evocações, passam o Dr. Fausto, Lutero, Frederico II, ventrudos bebedores de cerveja, sábios solenes de imensos óculos, regimentos inteiros ao passo ridículo de ganso...".

A grafonola chia como uma gata asmática... Wagner, na ponta da agulha, emudeceu — e
> *Mon coeur sent éclore*
> *Ce regret attendri qui laisse aux amoureux*
> *Un cher parfum qui s'évapore...*

Ferrignac anota: "Viruta dramático. Peitilho negro. Olheiras até a nuca. Tosse pulmonar. Quinto ato.
> *Je suis le ténebreux, le veuf, le solitaire,*
> *Le Prince d'Aquitaine à la tour abolie...*".

Carta da Daisy colada à página 67. Conta que rasgou um abscesso no seio.

Pedro, de passagem por São Paulo, literateja sobre a Cyclone.

Refiro-me a uma festa de aniversário na casa de Fuão Pontes, tio da Daisy, onde ela morava. "Em meio da alegria mal-educada daquele mundo de caixeiros, a avozinha, como um remorso prévio, empatando a festa. E, ao lado, a silhueta de mistério, terminando na mecha interrogativa a cair sobre os formosos olhos ingênuos. Quem seria essa estranha criança? Levaram a avozinha para dentro. Depois a criança estranha amortalhou em luto a silhueta de mistério. Um ano inteiro se passou, um ano em que fui, apesar de tudo, o menos infeliz de todos os rapazes. Flores para a avozinha."

Cyclone deixa assinalada febre — 38 ½. Foge como sempre.

"Chego ainda a tempo de vê-la galgar ligeira o estribo poeirento de um bonde e mergulhar com a lentidão do monstro de ferro, nesse abismo brumoso da várzea que faz supor, para lá do bastidor de crime das vielas, a existência de romance em que ela se obstina. Com uma timidez de *potache*, murmurei-lhe, entre dentes, um bom-dia idiota. Ela nem sorriu, nem olhou. Partiu. Pela primeira vez, percebi uma coisa séria — que ela me faz falta." Assino: "Mirabismo".

Guy verseja. Ferrignac comenta: "Outro gemido, outro queixume. Guy, pelo teu Deus católico, pelo meu Júpiter pagão, deixa uma piada, uma piada rica para a gente rebolar entre as almofadas do Miramar! Quando voltares, antes de nos ver, entrega o teu *luth* ao menino do elevador".

Edmundo Amaral escreve: "Cyclone passou como um tufão, transformando o Garoa em tempestade, o Ventania em brisa do Arquipélago". O Garoa sou eu, Ventania, Ferrignac.

A 14 de julho escrevo: "Trago Léo Vaz, que deixa isto:
'Rabo de colibri:
— Mas pensam assim todos os colibris?
— Quase todos... Não têm razão para pensar diferente. A vida era a mesma para todos...
Calei-me. O colibri ainda esteve muito tempo ali, pousado, soturno e quedo como um colibri de museu, enquanto eu, humilhado, não achava conforto que lhe dissesse. Depois, voltando-se a mim:
— Até logo!... Virei mais cedo amanhã: serei o primeiro a chegar...
E nunca mais o vi'.".

Ferrignac anota: "Um céu muito alto e um sol anacreôntico lá fora". E grita para o Viruta: " — Por Deus, conserta esse cerebrozinho de avelã".
Colado um pedaço de jornal que traz uma entrevista de Landa Kosbach. "Agora é que sou feliz e, com franqueza, absolutamente não tenho saudades do meu passado e lhe peço mesmo que nem me fale nele", diz a ex-dançarina, depois de dezenove meses de colégio.

"Soissons em mão dos Aliados." Cyclone em mão do bando dos "gravatas pretas" que somos nós.

"É June Caprice, Bertini ou Lida Boreli, enfim qualquer coisa de supremo na atitude, agoniza em roxo. Céus! Foi apunhalada outra vez! Vai morrer! Beijo-a... E ela renasce e é minha. Mas que foi? Um tiro? Veneno?"

Ferrignac escreve: "Escrever coisas de fôlego. Eu e a Cyclone? Você não se lembra, Miramar imbecil, que eu sou asmático e a Cyclone *poitrinaire*? O pai dela morreu tísico".

Trabalho também na *Gazeta*. Vou para casa, deixando a redação do *Jornal do Commercio*, às 3h30 da madrugada. Estou às sete horas no jornal de Cásper Líbero.

Cyclone deixa com sua grafia elegante e enorme: "Cheguei às nove horas. Ninguém. Telefonei para a *Gazeta* a perguntar por Miramar".

Piadas com a Liga Nacionalista.

Kamiá descobre o refúgio.

Caricatura de Léo Vaz por Ferrignac, intitulada: *O "bengala"*.

Ferrignac observa: "Os dois polos da vidinha do Garoa — Benedito de Andrade e Benedito xv".

Levo Daisy a uma miraculosa capelinha qualquer. Ela literateja. Fomos de automóvel.

Profética observação política de Ferrignac: "Ocupação de Ouchy--le-Chateau pelos franco-americanos. A doutrina de Monroe se estende. A Europa... para os americanos".

Cartão do usurário Décio de Paula Machado que Ferrignac colou no livro.

"A tarde vestida de roxo como a Cyclone na solidão elegante do Jardim América."

A Cyclone declara que vai ao médico fazer uma punção. Depois conta que "vai fazer uma estação em casa do Pontes" e depois irá para um instituto.

A Cyclone voltou à Escola Normal que cursa. Manifestação das colegas. Nota: "O Américo de Moura, cada vez mais chato e mais encardido, fazendo uma profusa distribuição de 'Hinos Nacionais' de sua lavra".

Pedro chega de Tatuí.

"Daisy telefonou — já é uma alegria sabê-la de pé. Passei hoje, ao amanhecer, por lá. A casa estava iluminada de um só lado. Fui ver o Pedro. Está pimpão. Voltei como um cão voltaria ao ninho abandonado."

Datada de 3 de agosto de 18 (não estávamos em 17? Nem sei!), uma carta rabiscada a lápis pela Cyclone está colada à página 127. Ei-la:
"Miramar

Imagino o quanto esperaste ontem, pela minha ida. Porém, uma pleurocongestão me retém ao leito desde quinta à noite.

Escrevo-te de cama, tendo Graziela e outra amiguinha como enfermeiras. Até segunda, se Deus quiser, se passar bem. Adeus. Recebe todo o coração da
                                            Cyclone".

Noto: "Subi pela tarde enfarruscada a ladeira da Penha. Rezar pela Cyclone".

Estamos a 6 de agosto de 18. É de 18 mesmo. "Flores para a Cyclone! Ressurreição provisória para outra provisória agonia... E de novo há de ressurgir de grandes olhos sob a boina ligeira de estudante — a nossa Cyclone, a nossa mocidade, o nosso símbolo esguio."

Viruta acrescenta: "Uma braçada de rosas para a Cyclone, rosas, rosas da vida que Anacreonte prometeu aos justos".

E Ferrignac: "Vida para a Cyclone, cheia de graça, amorável e bendita entre as mulheres".

Nesse momento vejo a aflição de Léo Vaz que não encontra emprego. Eu tenho dois, o do *Jornal do Commercio*, edição de São Paulo, onde faço "Sociais" e que me dá 250 mil-réis mensais, e o da *Gazeta*, donde retiro mais cem mil-réis. Sem hesitar, ofereço o da *Gazeta* a Léo, que aceita e passa a ser jornalista, sob as ordens de Cásper Líbero.

Outro episódio, talvez dessa época. Encontro no velho viaduto do Chá um grupo de estudantes, onde estão Jairo de Góis e Julinho Mesquita. Digo-lhes qualquer coisa rindo. Quando penetro na rua de São Bento, para onde vinha, e vou sentar-me para tomar alguma coisa, a uma mesa da Leiteria Campo-Belo, vejo aboletar-se em minha frente um dos estudantes. Está agitado. E exige de mim um juramento de segredo. Estranho. Mas ele não se convence de que eu ignoro o que o fez me seguir. E assim, de chofre, me faz membro da Bucha, isto é, da Buchenschaft paulista, sociedade secreta da Faculdade de Direito que dirige os destinos políticos e financeiros de São Paulo e cuja chave é a Festa da Chave. Levam-me a assistir a uma sessão num subterrâneo do Liceu de Artes e Ofícios, na Luz, que está coberto de emblemas e ameaças. Há dirigentes mascarados e sem máscara. Entre eles Altino Arantes, presidente do estado, e outras personalidades. Só sai besteira.

No documento que assinei para o colega, reservei-me o direito de não participar das atividades da Bucha. Fui, no dia seguinte, consultar o Arcebispo Dom Duarte Leopoldo, sem dizer o nome da sociedade secreta e ele, com certeza, bucheiro também, me respondeu: — De sociedades secretas que são conhecidas das autoridades não é pecado participar.

Mais tarde Paulo Duarte e um grupo de estudantes e depois, na Revolução de 30, o General Góis Monteiro, puseram a público e às escâncaras a existência e os segredos da Bucha.

Um poema horroroso de Paulo Setúbal. Colado de um jornal.

Um grave incidente interrompe a vida do retiro da rua Líbero. Ferrignac escreve: "Cyclone partiu. No retângulo claro do vagão, um derradeiro olhar. Coitadinha! Como a heroína de Samain, soluçou docemente. Lá se foi, rumo a uma esbatida ficção geográfica — Cravinhos".

Uma carta a lápis, de Daisy, explica:
"M.
Deu-se o golpe. Não o esperava desse feitio. Tia Ziza pediu-me a guia da Escola e, como eu não a tivesse, ela me pôs na rua. Antes, porém, me declarara que eu tinha perdido o ano. Um horror! Fui chicaneada e maltratada como nunca. Mas pegando na ordem de Ziza, comecei a arrumar a mala para sair e ela me disse que *eu tinha de ir* primeiro pedir licença à minha mãe para ser independente. Portanto parto hoje à noite, com minha avó, para Cravinhos. Peço-te que mandes Ferrignac à estação (Tu não, porque seria o maior escândalo, desconfiam de ti e o Paulo que me leve toda a roupa que tenho aí na última gaveta daquele móvel nosso). Caso possas, manda-me também o vestido que Luluce me deu. Mas olhe, faça com que os 'gravatas' executem tudo com arte. Eu preciso falar com o Ferrignac e receber o embrulho do Paulo, sem que meus megeros desconfiem.
 Eu não ficarei lá. Voltarei dentro de um mês. Naturalmente ficarei o resto de agosto. Quero que me escrevas para Cravinhos, ao cuidado do Sr. Inácio Costa. Eu responderei para *A Gazeta* pois o nosso retiro já é conhecido. Caso possa telegrafarei da primeira estação. Guarda as memórias contigo. Adeus. Beija a cabeça da pobre
                 Cyclone".

Todos declaram que amavam a Cyclone. Andamos atrás do telegrama dela.

Escrevo: "Um pedaço de 1917 — Volta Miss Cyclone de minha fantasia! Vem inundar de loucura o coração que tímido te aguarda".

"No século xx, na impossibilidade civilizada das hemoptises, a *Vie de Bohème* tem um quinto ato, com o apito estraçalhante de um trem na noite tumultuosa do cais da Luz e, para encobrir as lágrimas do epitáfio na gare, Ferrignac diz que ela partiu com uma velhinha pestanuda como nos contos cautelosos dos Irmãos Grimm, deixando timidamente satisfeitos oito sujeitos macilentos de bigodinho e uma quarentona espigada e de boá. E como Miramar continua aniquilado no fundo do táxi que arfa em demanda do covil deserto, 'irá fatalizar a vida do Quinquim da botica'."

Literatura e latim de Sarti Prado que reaparece. Em minha casa está sempre. É grande amigo de Kamiá e de papai.

Chegam as primeiras cartas de Daisy.

Lobato deixa um autógrafo dizendo que é preciso salvar Ferrignac para que Ferrignac salve São Paulo.

Ferrignac nota o anatolismo de Léo Vaz. "O Léo ficou no século xix. Acredita em Renan e lê o France."

Monteiro Lobato é festejado com um grande almoço no Parque Jabaquara. Na página 172, há um artigo grudado, de sátira ao ágape nacionalista. Termina assim: "Ainda há quem não compreenda que Urupês é um formidável livro de combate ao atraso nacional".

Carta da Cyclone:
"Cravinhos 24 — agosto — 1918
O Viruta me escreveu mas não falou de amor. Infelizmente. Ficou com dó de ver o Eça em minhas mãos. Estou triste. O céu aqui é muito lá em cima, muito azul, maior que esse daí. A terra é de escarlate mas não há mãos reais de unhas perfeitas. Quando muito umas mãozinhas avermelhadas com montanhas de calos, unhas torturadas, comidas de um lado". Manda saudades a todos e o livro que o Edmundo Amaral reclama.

Literatura bestíssima de Sarti: "a Alameda do Sonho", o "halo do passado" etc. Ferrignac satiriza-o.

Aspecto da Editora Monteiro Lobato que produz o primeiro furor livresco em São Paulo: "Na salinha da *Revista do Brasil*, metralhada de estalidos da Remington, Lobato tira talões de recibo e berra para o Caiubi: 10 *Urupês*, 30 *Sacis*, 40 *Mulas Sem Cabeça*, nacionalismo, comércio, o país que lê". Creio que o datilógrafo é o futuro dono da Editora Nacional, que abiscoitou judaicamente a falência do Lobato.

Passeio de barco à represa de Santo Amaro com Sarti, papai, Kamiá, Nonê e a criada Elisa que é tantã. Olho o inútil cenário de beleza.

"Falei com Cyclone pelo telefone. Está impossível."

Carta de Daisy:

"Doce amigo

Mando-te um pedaço de vida. Desta minha vida de interior rústico e sossegado. Fui às quatro horas ao médico para me ser feita uma injeção. Voltando toda dolorida, tendo o braço inerte e doente, tive de suportar o impertinente primo fazendeiro".

Continua a pôr fantasmas no meu ciúme mas declara: "Nunca te amei tanto, isto é, nunca tive tanta confiança no meu amor e em mim contra fascinações roceiras".

Conta que lê Ibsen e Balzac que lhe dei. "Não imaginas que dia feio faz aqui. Um dia de pijama, um dia de almofadões listados e lâmpadas acesas... um dia de alcova." "Pensa em ti a Miss. Por ti, João Miramar, a Miss tem mais profundos os olhos e a cabeça bizarra mais revolta."

O covil da rua Líbero agoniza.

Visito atrizes francesas no Hotel Carlton. O Pedro chega furioso de Tatuí. Traz uma sentinela. É delegado!

Léo Vaz está com reumatismo. Inventa-se na Faculdade de Direito uma caravana de estudantes para falar no interior. Resultados da campanha nacionalista de Bilac que eu modestamente acolitei. Arranjo para ir a uma cidade qualquer perto de Cravinhos. Não me lembro mais. É Tijucópolis no diário.

Guilherme de Almeida deixa este autógrafo: "Cavalheiro do Acaso e da Fortuna — nova denominação dos homens que ainda querem viver".

Anoto: "Daisy continua a fazer literatura cravinhense: 'Todas as horas são roxas, a tarde é cinza-roxa. Morrem rosas, morrem almas. Miss Branca é mais pálida que a lua'".

Um episódio importante:
"Miramar no entanto, pelo seu último amor sério, foi a Tijucópolis, trezentos e muitos quilômetros de trilhos! Pretexto. Uma conferência nacionalista, promovida pela Faculdade de Direito. Recebeu-o na gare, Aristides, diretor úmido do Grupo — Que o esperava desde ontem!

Sim, mas é que ontem, quando o trem parou na estação de tijolo de Tiperári, ele revira a Senhorita Tufão. Conhecem? Está mais carnuda e sem a mecha. Apresentou-o com precipitação, onde havia isto de angústia, ao senhor de Costignac e sua senhora, a melhor das sogras. Costignac é o búfalo ibero de calças listadas de brim. Tem um punho notável!

No hotel, onde Miramar se banha, há um palhaço tomando café. Não, positivamente não há quartos nesse hotel.

Dia inquieto. Quem será Costignac?

— É o melhor dos pais, explica Tufãozinho. Deslumbrei-o. Fará por mim tudo. Apenas se souber que me seduziste com promessas levianas...

— Arcabuza-me!

— Morremos. Eu também porque morre a minha vida.

Ele a enlaça no silêncio do quarto rude que a fantasia dela alegrara de travessuras. Um mosquiteiro viriginiza o pequeno leito, a parede do fundo reproduz de um lado a decoração do Retiro de Libero Street. Miquelângelo além. Baudelaire arrancado do volume. E, em recortes de jornal, Miramar e Ferrignac. Um móvel esquisito, de madeira e bronze, suspende uma biblioteca onde há Ibsen junto de uma brochura da *Vingança da morta*.

Almoço. Costignac acentua para Miramar a sua figura de fundibulário. Mede florestas para venda, avalia toros, faz escritas de fazendas. Na casa, a mesa é farta e bom o linho.

E a noite desce sobre Tiperári. Eles têm um grande passeio no escuro, sob árvores, brigando. Voltam. E a conferência? Miramar empalidece. Tijucópolis o espera com a banda do Vitorino, ávida de dobrados. Precisa fazer a conferência. Tufãozinho o auxilia. Até uma hora, ante a lâmpada implacável, que ela barrou de vermelho, os dois fabricam a encomenda nacionalista, enquanto pressentem que na sala alguém vela. É a boa senhora, a mãe triste e sorridente. Só se retira, só se deita quando viu a filha deixar o quarto onde escreviam. Miramar ficou no leito dela. Ela irá passar a noite com os irmãozinhos. Mas voltará quando todos dormirem, promete no último beijo. Miramar adormeceu depois de esperá-la muito. Madrugada velha. Alguém a seu lado, no roupão roxo. E Costignac poderá levantar-se. Verá as portas apenas cerradas. E a luz implacável de Tiperári que não se apaga, que não diminui. Costignac desfechará o arcabuz boca de sino.

Segundo dia. Rabona matinal. Gare. Costignac acompanha Miramar. Miramar é o seu hóspede.

De Tiperári a Tijucópolis duas horas. Na gare principal do caminho, abordam Miramar que desceu um minuto. É um menino teso e loiro, de luvas, de capa, de malas.

— Colega no dever e colega na viagem!

— Como? A Tijucópolis?

— Não. Um pouco adiante. A Fundinho. A Pátria o exige. Quer um cigarro?

O trem corre de novo. O nacionalista desapareceu. Agora é um deputado que viaja ao lado de Miramar. Enriquece dia a dia. É presidente de bancos, de companhias, de sindicatos e diz mal de tudo.

— Caminhamos para o protetorado, amigo!
Chegada a Tijucópolis. Aristides, Padre João Emerenciano, de nariz triste.
— Adiantamento?
— Algum. Assim, assim.
— Moral?
— Um pouco anarquizada nos costumes.
Miramar recebe o programa dos festejos. Conferência e sessão cívica às três. Jantar de gala às cinco e meia. Espetáculo no cinema, com discurso às oito. Miramar reage: — Não pode ser! Deve fazer outra conferência, em outro lugar a essa hora, a quarenta quilômetros. Exige mesmo condução. — Não pode!
— Mas já saiu no jornal...
— Não. Exijo em nome do Dr. Steidel, do Dr. Thompson e do Dr. Lessa! Mobilização de Tijucópolis. Conferência e sessão cívica às dez. Se quiserem. O sacristão e os dois fiscais distribuem boletins improvisados. E, como Miramar sobre o almaço decepa e reúne períodos, na mesa central da grande sala do Grupo, Aristides vai e vem, esfrega as mãos.
— Não sei se será a banda ou as meninas que executarão o Hino!
E explica que a banda do Vitorino brigou com o Rubião do cinema.
— O doutor fala uma hora?
— A Liga determinou apenas doze minutos para cada conferencista.
Miramar, de rabona, guindado entre flores, tendo por fundo a tela encardida. Rebuliço. Padre João ia despencando da escada. Também, a escada!
Embaixo, o *tout* Tijucópolis fremente das premières de Max Linder, com o Grupo nas primeiras filas, uma centena de estuprinhos espevitados e de branco. Lá longe, a porta, a porta que conduz a Tiperári!

Pssit! Silêncio! Ovação do Grupo Escolar com estalidos prolongados de palmas. Aristides levanta-se. Está comovido. Fala. Berra. Miramar ao lado escuta. — A Liga de Defesa Nacional teve a honra de mandar até a nossa cidade, o ilustre conferencista Dr. Osvaldo Cruz! Sensação. Osvaldo Cruz é aquele moço gordo, de rabona, que espera com a alma de condenado, a hora de semear a boa palavra. Aristides prossegue:

— Vede o exemplo! Este conhecido conferencista sai de seus lares, percorre doze horas de trem, deixa o conforto da capital para pregar patriotismo. Vede a lição, a lição para vossos filhos, oh mães; para os vossos caríssimos alunos, oh professores!

Sobre a alma vexada de Miramar desce uma súbita melancolia de coisas puras e sãs. Vem-lhe a gana de gritar ali, num escândalo de contrição, o remorso vesgo do Abbé Jules na igreja.

Mas Aristides terminou e lhe deu a palavra num gesto.

Miramar de rabona, fala. Está quase comovido. Quase treme. Precipita, engole, joga períodos. Estaca. Terminou. Tijucópolis hesita. Aristides hesita. Mas Miramar sentou-se. Então despenca sobre ele a mais bem entoada das salvas de palmas. Acabou-se a festa. Tijucópolis dispersa, tristemente, aos bandos, amassando o barro grosso das chuvas.

Agora é a condução. Miramar encontrou felizmente como diretor da linha de automóveis de Tijucópolis, um parente rebarbativo. É o Nogueira, de óculos e cara empinada no grande vulto.

— Doutor! O senhor falou no Rui Barbosa e eu lhe trouxe o Rui!

O Rui é um Hupmobile 30 H., 'o príncipe das alturas'. Miramar não se lembra de ter falado em Rui.

No carro que voa pela estrada aberta no verde das infinitas culturas, vão Nogueira, o Toniquinho, o filho, 'que não tem medo de nada', e o Léo de Tijucópolis. Sim. Miramar constata que é o Léo, o Léo sem a cabeça de bossas verlainianas, sem 'os peixinhos' mas mudo como o Léo, professor como o Léo, atencioso como o Léo. Entre derrapagens lamacentas e bruscas passagens com o susto da buzina roufenha, por lerdas boiadas e porteiras de pau-preto, Nogueira eruditiza a viagem. — Aquele discurso do Rui, aquele da Bahia, aquele do estado de sítio, aquele em que achatou o Azeredo — 'Não leio os seus jornais!'.

Léo aprova molemente com expressão aduladora. Para Miramar, Léo abicha a viagem de graça. Chega a murmurar: 'Colossal o Rui!', ele tão calado.

As primeiras ruas da cidade de permeio. É ali que Léo fica. E enquanto Miramar espera o trem que o leve novamente a Tiperári, passeiam os dois pelo deserto das lajes desiguais ou sentam-se nos jardins calados.

— Lê Mantegazza?
— Leio.
— Admirável o Mantegazza. E que títulos! 'A psicologia do silêncio.' Léo suspira ainda que São Paulo é adorável. E emudece até a partida demorada de Miramar.

E de novo Tiperári. E de novo os braços morenos de Miss Tufão! Miramar ficou. Ah! Noites de Maupassant com alvoradas de Shakespeare! Desafiando a guarda rude de Costignac, no roupão roxo, ela veio, ilustração esguia. Ela veio para realizar com ele o milagre do riso no amor. 'Eu em ti, tu em mim, nós dois em Tiperári', que deixaram riscado na cama minúscula, presente do fulo tio Pontes. A passagem do Tomás Lessa, o leito do Pontes!

Ao cair da última noite, envolvido na força do idílio, Costignac esqueceu-se ao piano em cantares de velha alma coimbrã. Obrigado, Costignac, murmurou recolhidamente Miramar. Tu, como Tijucópolis, cumpriste o teu destino na minha vida sensacional! Tijucópolis poderá prosseguir lerdamente a sua existência parada de burgo brasileiro. Padre João Emerenciano amassará por vinte anos inúteis a lama vermelha das suas ruas quietas. Outros Aristides

virão fazer outras sessões cívicas sem resultado algum. Ficar-lhe-
-á, porém, a bênção da minha viagem, pelo amor da Miss Tufão!
De ti, Costignac, que me deste vigílias de assassinato entre braços
adorados, levo a melhor saudade.

E veio a madrugada da partida. E pela grande largura sinuosa dos campos mal plantados, o céu idílico, o sol idílico, a vida idílica!".

Estamos no fim do *Perfeito cozinheiro das almas deste mundo*. De Daisy, que também usara o pseudônimo de Gracia Lohe, resta bem pouco, apesar de ter deixado uma difusa e numerosa literatura. Se, nas minhas peregrinações, eu não tivesse perdido as suas "memórias" inteiramente fantásticas, ela talvez tivesse sido a precursora do conto policial que hoje tão bem cultiva meu amigo Luís Coelho.

Nas suas notas do diário da *garçonnière* como em suas cartas, resultava muitas vezes um sentimento iniludível de doença, de morte e de frustração. Na carta, escrita em roxo, que fecha o livro, ela fala: "De saúde vou indo bem mal, não sei se será reação das injeções. Há dois dias que não as tomo por me sentir maldisposta!". Pergunta pelo nosso amor e acrescenta: "É preciso velar por ele, muito, muito! Consola tua pobre amiguinha! Como me sinto morrer! E isto sem gesto teatral e olhos em alvo...".

De volta de Cravinhos, eu desfaço o Retiro da rua Líbero. Nessa carta roxa, ela exige tudo — a almofada verde, a peluda, a pele de tamanduá que estava na parede sob um florete, o meu retrato, o reposteiro claro, os tapetes macios e os Di e Malfatti que possuo.

Num trecho literário que conservo, talvez dos seus quinze anos, ela narra que "numa tarde de novembro" assistiu à morte de Daisy, "uma linda criança de dezessete anos!", junto a "úmidas violetas".

Em 1918, estou como disse, no quarto ano da Faculdade de Direito, ao lado de Jairo de Góis e no *Jornal do Commercio*, onde faço o salário de 250 mil-réis. Trabalho também na *Gazeta* de Cásper Líbero que me paga cem mil-réis. Vendo Léo Vaz recém-chegado, sem emprego, desfaço-me, como referi, do da *Gazeta*, onde ele me substitui. Daisy e a *garçonnière* são as minhas preocupações, com o filhinho que cresce em casa. Meu pai, dado o sacrifício de Landa, serenou. Define desaparece. Deve ter-se mudado para Penápolis, onde mais tarde iria morrer moço de trauma político. Quem o substitui na intimidade de nossa casa é Sarti Prado, a cara deformada pela feiura, serviçal para com Kamiá e papai.

Vem o fim da Primeira Guerra Mundial. O armistício. Uma agitação frenética por um episódio cuja significação ninguém atinge. Antes, em 17, outro fabuloso acontecimento — Lênin e a vitória da revolução soviética. Esta, todos compreendem que é uma ameaça à ordem estabelecida.

Eu mesmo, como orador do Centro Acadêmico, vou urrar contra o bolchevismo de que não entendo nada. Como os outros.

Ao atravessar da meia-noite que separa os anos de 18-19, Seu Andrade, como de costume, faz o réveillon religioso. Magro, ósseo, ora de joelhos diante do Oratório onde fulge a custódia de prata. Eu cheguei a tempo, vindo da cidade. Ajoelho-me também e oro com ele e os criados. Estranha desaparição de Kamiá que saiu com Sardine. É como ela chama Sarti Prado. Chegam afobados no meio da prece. Ajoelham também, oram também. Depois são os votos mútuos de mútua felicidade para o trágico ano que nasce.

Meu pai parece satisfeito, vendo-me bacharelando e eleito primeiro orador do Centro Acadêmico Onze de Agosto. Politicagem do Jairo.

    Além disso, eu abordara na rua de São Bento o astro em ascensão no mundo dos terrenos, Cláudio Monteiro Soares. Ele se interessa por uma combinação sobre a Vila Cerqueira César. Tem dinheiro e habilidade. Pode ser um ótimo sócio.

Mas na madrugada do primeiro dia de fevereiro, meu pai vem até a minha cama, que aliás é o divã de palha trazido da defunta *garçonnière*. Queixa-se de uma dor violenta do lado. Levanto-me atarantadamente. Providencio médico. O homeopata Murtinho virá vê-lo.

A doença de papai agravou-se. Pressentimentos me assustam. Ao cair da noite de um dia final de janeiro, uma enorme borboleta negra e amarela penetrou na nossa sala de jantar, impressionando a todos e aterrando Nonê que fez cinco anos. Debate-se pelas paredes, pelas vidraças, como um agouro. Sai.

Outros médicos aparecem. Fala-se na idade dele. Fez 73 anos. É pouco na minha família paterna. Arteriosclerose. Irmã Úrsula alertada, não deixa a casa. Parentes, amigos. Sarti sempre com Kamiá. Aplicam-se ventosas nas costas do velho enfermo. A casa aflige-se.

Numa das minhas idas e vindas, venho encontrar Irmã Úrsula debruçada sobre o doente, dizendo-lhe que é preciso deixar um papel.

    O testamento tinha sido preparado pelo advogado Teodomiro Dias que segue as instruções de Sardine e Kamiá. Não percebo nada do complô, nem o Rao que me assiste. O tabelião compareceu chamado não sei por quem. O documento, que meu pai assina diante de todos, deixa a quarta parte da fortuna ao neto, com usufruto para Kamiá. Está dado o golpe.

A morte de meu pai assombra a minha vida. Antes da agonia, ele me trata de louco, instigado pela dupla Kamiá-Sardine. Eu o cerco de todo o carinho. Um padre passionista, da Congregação que ele encheu de terrenos, comparece. Uma litania eleva o drama agônico, abre as paredes. Coortes de anjos enchem o ambiente.

Quando ele morre, vejo retorcida como uma máscara a cara sinistra e vermelha de Sarti Prado. O mulato está chorando, de joelhos como os outros. Por quê? Conseguiu mais do que queria.

O transporte do corpo para a câmara funerária armada na sala. Estamos morando numa grande casa de esquina da rua Augusta.

Faço a barba a gilete, sem perceber bem o que se passa. Cornélio Pires e outros amigos comparecem. Padres. Irmãs. A casa se enche de velhos e moços, mulheres, serviçais e senhoras. Sai um grande enterro. Está findo o lar de Dona Inês.

Missa de sétimo dia na cripta da Catedral.

Mudo-me para um hotel. A Rotisserie Sportsman que agora está na esquina do viaduto com a ladeira Dr. Falcão, onde se ergue hoje o prédio Matarazzo.

Kamiá tomou uma casa na rua Pedro Taques. Leva Nonê, com meu consentimento. Sardine é o seu *chevalier-servant*.

Aí nesse hotel, apareceu para me visitar uma senhora com uma filha meninota, dizendo-se velha amiga de meu pai, coisa que eu ignorava completamente. Ao sair, ela prometeu mandar a filha de vez em quando me procurar para buscar auxílio financeiro. Talvez a garota tivesse ido mesmo.

O inventário é feito por Vicente Rao.

Os recursos com que contamos, antes que se faça qualquer negócio com Cláudio Monteiro Soares, vêm de letras. O Cônego Francisco de Melo e Sousa, vigário da igreja da Consolação, salta para o primeiro plano. Esse padre gordo e corado, flácido e abúlico, está reunindo fundos para a construção de seu novo templo (essa bosta arquitetônica que agora ficou pronta, feita pela cultura de Monsenhor Bastos, o sucessor daquele). Meu pai fora já por algum tempo o endossante de favor do sacerdote. Eu mergulho no sentimento órfico tradicional e local. Sou católico. A ponto de procurar o cônego, para lhe oferecer o meu endosso de herdeiro, em substituição ao de meu pai.

    Minha vida oficializa-se com Daisy. Facilmente promovo a sua vinda de Cravinhos para a capital. Coloco-a morando com a avó numa casa da rua Santa Madalena, no Paraíso.

A 1º de março, em escritura, Cláudio Monteiro Soares substitui-se à Economizadora Paulista, como credor hipotecário do espólio. Fornece algum dinheiro.

Como o numerário é curto e o inventário demora, minhas relações financeiras com o Cônego Melo complicam-se. Eu sou o endossante de favor de suas inúmeras letras. Faço isso com enorme displicência, pois confio na honorabilidade da Igreja e de seus ministros. O corretor principal do padre é o mordomo da Cúria, Artur Leopoldo e Silva, irmão do Arcebispo Dom Duarte e funcionário da Câmara Municipal. Chamam-no de Arturzinho.

Sinto-me no direito de tirar para mim um pouco do imenso empréstimo da igreja da Consolação. Faço uma conta ao lado da do padre. Muito modesta.

Daisy está em São Paulo com a avó, uma horrenda portuguesa gorda que me põe para fora da casa da rua Santa Madalena, pontualmente, às dez e meia da noite.

Uma tarde paulista, de garoa, encontro um garotinho na avenida Brigadeiro Luís Antônio, quando vou ver meu amor. Conto a Daisy, que sorri pensando que eu insinuo filhinhos futuros quando nos casarmos.

Encontros com Mário de Andrade. Em leiterias. Descoberta de Brecheret, por mim e por Menotti. A nós deve ele a sua apresentação e a defesa de sua arte nova. É um moço que parece idealista, bem diverso do avarento sórdido que se tornou depois de milionário.

A exposição de Anita Malfatti, em 17, provocara o coice monumental de Monteiro Lobato, inteiramente ignaro e maldoso. Sou o único a defender timidamente Anita pelo *Jornal do Commercio* com iniciais. Agora em 19, encontro-a com Di, Guilherme de Almeida e outros literatos.

Daisy é ainda fugidia mas melhorou muito dos anos esquisitos do começo. Conto certo casar-me com ela. Ferrignac vindo da Europa, nos frequenta.

Numa manhã doirada da cidade, encontro Daisy na rua Quinze, esquina do largo do Tesouro. Despedimo-nos depois de ligeira conversa. Olho para trás e vejo seu chapéu flutuar descendo a rua Quinze. Sigo-a sem saber até hoje por quê. Ela atravessa a praça Antônio Prado, desce a avenida São João, envereda pela rua Anhangabaú por debaixo do viaduto Santa Ifigênia. Acompanho-a de perto, agora interessado. Ela para à porta de uma das casas amarelas e iguais que defrontam o Cassino Antártica. Esbarra num moço que vem saindo. Entra sem olhar para trás. Eu abordo o moço e pergunto quem mora ali. — "É uma pensão de rapazes."

Vem o roteiro de minha absurda desgraça. Daisy é visgo puro. Não tenho a coragem de romper. Ela também não explica nada, não conta, não se defende.

Em junho, ela me diz que está grávida. De quem? Não pergunto. Ela não fala. Concordamos no aborto. Inicialmente, ela toma uma droga horrenda que não produz efeito.

Na casinha da rua Santa Madalena passa-se um drama. Uma manhã, conduzo-a à rua da Glória, à casa da parteira alemã que fez Nonê nascer.

Ela entra comigo na igreja dos Remédios, à praça João Mendes, que foi hoje demolida. Anita Malfatti conta-me depois que nos viu nessa hora decisiva, sem perceber, evidentemente, o que se passava.

Espero-a, enquanto se passa num quarto a rápida operação. Levo-a para casa. À tarde, dores. A noite hemorrágica se entragica. Pela manhã, procuro médico. É o meu amigo Briquet quem a faz transportar imediatamente para a Casa de Saúde Matarazzo.

Penso que, depois da raspagem feita, tudo se normalize. Venho pela alameda que conduz ao hospital lendo um matutino quando esbarro com Briquet. Ele para e me avisa que o caso se complicou. Será preciso fazer uma histerectomia. — "Que é isso?" — "A extirpação do útero."

Noites hospitalares que nunca mais se apagarão de minha lembrança. As minhas trágicas vigílias se sucedem. Faço vir de Cravinhos, apressadamente, a mãe e o padrasto. O mal atingiu os pulmões. Ela está tísica. Procuro avidamente Monteiro Lobato, que me arranja uma casa em São José dos Campos. Saio como um louco para comprar uma cadeira de rodas. E penso chorando que o ideal de muita vida pode ser uma cadeira de rodas. Soluço alto nos corredores do escritório de meu amigo Vicente Rao. Uma crise me deixa à noite semidoido. O Dr. Briquet está no Teatro Municipal. Num dos intervalos penetro na plateia. Estou no meu pijama de alamares. O médico me vê. Levanta-se e me acompanha.

Caso-me in extremis. Separação de bens. Inutilmente. Dei mais do que tinha aos seus.

O casamento se realizou a 11 de agosto. Alguns amigos. Guilherme, Ferrignac, Lobato. Duas cestas de flores, cujos esqueletos de palha conservo durante anos. O sorriso magoado de Miss Cyclone. Ela cicia nos travesseiros. — "Que pena!" O resto... É a agonia e a morte numa fria madrugada de hospital. A 24 de agosto. Esfacela-se meu sonho.

Sinto-me só, perdido numa imensa noite de orfandade. A amada que me deu a vida partiu sem me dizer adeus.

A francesa que trouxe de Paris veio buscar o dinheiro para outro homem.

Landa, que foi o primeiro sonho vivo que me ofuscou, tornou-se a estátua de sal da lenda bíblica. Olhou para o passado.

Isadora Duncan estrondou como um raio e passou.

A que encontrei enfim, para ser toda minha, meu ciúme matou...
Estou só e a vida vai custar a reflorir. Estou só.

Faço enterrar Daisy no túmulo familiar da Consolação, vestida de branco. Atiro à rua, de dentro de um táxi, a *Via sinuosa* de Aquilino Ribeiro. Estou com a mãe da morta.

Vejo-me soluçante numa *garçonnière*. Dois quartos que aluguei na praça da República, esquina da rua Pedro Américo. Duas janelas engradadas para a praça, onde esplende Dona Flor Vermelha entre o verde das árvores e da grama.

Fui cortado, guilhotinado e tenho medo.

Amigos me rodeiam. A moça japonesa Toiô, que Daisy contratara para a casa da rua Santa Madalena, passara-se depois da morte para a casa da rua Treze de Maio, onde estão meus sogros e donde saiu o enterro.

Toiô dera uma echarpe a Daisy, com um desenho erótico, trazida do Japão. Vem às vezes à minha *garçonnière*. Toma a chave, entra. Eu choro sempre quando a vejo na rápida visita de saudade comum.

Saio uma tarde. Volto. Encontro-a despida no meu leito. Não há equívoco possível. Atiro-me como um mendigo para a esmola de um pão.

Nunca mais a vejo. Perdeu-se na cidade.

Nota sobre o estabelecimento de texto

Para o estabelecimento de texto desta edição, foi consultado o volume *Um homem sem profissão. Memórias e confissões. I. 1890--1919*. *Sob as ordens de mamãe* (Rio de Janeiro: José Olympio, 1954), primeira e única edição desta obra publicada em vida do autor. A grafia do sobrenome Souza da família materna de Oswald de Andrade foi uniformizada com "z", conforme consta nos documentos pessoais. A referência a Maria de Lourdes Pontes como "Deisi" e "Cíclone", na primeira edição, foi alterada nesta edição para "Daisy" e "Cyclone", forma que predomina em *O perfeito cozinheiro das almas deste mundo... Diário coletivo da garçonnière de Oswald de Andrade — São Paulo, 1918*, de cujo original o autor transcreve passagens e do qual consultamos a edição fac-similar (São Paulo: Ex-Libris, 1987), com transcrição tipográfica de Jorge Schwartz.

Predominantemente com um "n" na primeira edição, a grafia de *garçonnière* foi corrigida. Para os nomes próprios russos, foi adotada a forma hoje convencional na ortografia do português do Brasil: Dostoiévski, Lênin, Potemkin, Stálin.

Quando antecedem nomes próprios, as formas de tratamento "Dom", "Dona", "D.", "Dr.", "Madame/a", "Mme.", "Santo", "São", "Seu", "Sr.", "Senhora", "Senhorita" e as relacionadas à indicação de cargos políticos e profissionais, à hierarquia militar e religiosa foram padronizadas com maiúsculas ou iniciais maiúsculas — forma predominante na edição consultada.

Diante da oscilação na referência à cidade de São Paulo, com a abreviatura "S." ou por extenso, "São", optou-se pela segunda forma, estendida também às referências ao estado.

A pontuação usada na primeira edição, exceto quando comprometia a compreensão do texto, foi mantida, e erros tipográficos evidentes foram corrigidos. (N. C.)

FORTUNA CRITICA

A ÚLTIMA VISITA

JORGE SCHWARTZ

ANTONIO CANDIDO acompanhou o percurso de Oswald de Andrade desde os primeiros trabalhos, que resenhou em jornal a partir dos anos 1940. Mas também por meio de ensaios e dos vários depoimentos, palestras, programas de televisão, datas comemorativas, que culminaram na grande homenagem da Flip em 2011. Nas inúmeras conversas privadas, a lembrança era permanente, sempre com graça e alegria, mesmo que fosse para falar da personalidade difícil do escritor. Ao longo do tempo, houve idas e voltas, todas elas registradas por Candido, mas a amizade e a mútua admiração se preservaram até e além da morte de Oswald, em outubro de 1954.

Com a obra completa sendo agora publicada pela Companhia das Letras, graças à iniciativa de Marília de Andrade, única filha viva do poeta paulista, surgiram novas propostas para cada um dos volumes desta nova coleção. As edições anteriores foram da Difel (Difusão Europeia do Livro), sob a coordenação de Antonio Candido, seu testamenteiro literário, da Civilização Brasileira e posteriormente da editora Globo de São Paulo, já por iniciativa do filho Rudá de Andrade, em vinte volumes, publicados entre 2002 e 2014.

Gênese Andrade, coordenadora junto comigo desta nova série, transcreveu uma das várias palestras sobre Oswald, que fora gravada. Antonio Candido, ao ler a transcrição, achou que era coloquial demais; imediatamente, trouxe do escritório um datiloscrito, que ele considerava já pronto para publicação. Pediu-me apenas alguns dias para fazer uma releitura. Semanas mais tarde, entregou-me o datiloscrito "O Oswald de Andrade que eu conheci", com correções, pedindo delicadamente que as passasse a limpo. Quando o visitei novamente com o texto limpo, apresentou-me outro datiloscrito, "Lembrando Oswald de Andrade", muito semelhante, mas, segundo ele, melhor acabado. Ambos tinham oito laudas cada e as diferenças eram mínimas. Entregou a segunda versão com correções, que seriam novamente passadas a limpo. Isso ocorreu na última visita feita ao Mestre, na tarde do dia 1º de maio de 2017, uma segunda-feira. Na noite do domingo seguinte, recebi de Gênese a versão limpa, sem saber que na quinta-feira anterior ele fora internado com uma crise de saúde, que levaria ao desenlace dias mais tarde.

Na visita feita durante o feriado, acompanhado de Berta Waldman, em quem ele dava sempre um forte abraço na chegada e outro tão ou mais forte na saída, o professor estava muito agasalhado. Era uma dessas tardes frias de São Paulo. Mesmo assim, continuou tirando de sua infinita memória lembranças que nós ouvíamos assombrados, por nunca tê-las ouvido anteriormente, ao longo dos quase cinquenta anos de convivência: ele como eterno Mestre, orientador de nossas teses, e nós como eternos alunos. Éramos a "meninada", agora septuagenária, como ele gostava de nos chamar. Rememorou naquela tarde uma das tantas malícias do Oswald: Otto Maria Carpeaux, o crítico austríaco, sofria de uma espécie de gagueira, e no final da fala era acometido por umas tosses compassadas que ele imitou. Imitações magníficas, divertidíssimas, dos mais variados indivíduos (pessoalmente, acho que a de Ungaretti era insuperável). Voltando à gagueira e às tosses no final da frase: Andrade o apelidara por isso Otto Rino Laringo Carpeaux Morse. Maledicência de uma graça infinita, a exemplo de outras que tanto custaram em vida ao amigo Oswald.

Naquela tarde, também rememorou e imitou mais uma vez a leitura que o escritor fazia da própria poesia. Embora a obra fosse de vanguarda, a leitura era imitada por Antonio Candido em tom de grandiloquência típica do bacharel das Arcadas, numa voz elevada e trêmula, própria ao século xix, e que paradoxalmente nada tinha a ver com o espírito de modernidade do poema escrito.

Poucas semanas antes, na penúltima visita, acompanhei Marília de Andrade. Ela tinha nas mãos um documento assinado por Antonio Candido, depois da morte de Oswald, sobre os cadernos em que escrevera o *Diário confessional*, ainda inédito. Ele prometeu dar total apoio à publicação. Para minha surpresa, transcreveu ipsis litteris o documento por ele escrito mais de meio século antes, e copiou até a própria assinatura. Naquele momento, chamei a atenção para o fato de que a letra e a assinatura eram idênticas, como se o tempo não tivesse passado. Algo pouco menos que assombroso, para alguém quase chegando a fazer um século de idade. Cumpriu a promessa daquela tarde, enviando a Marília, pelo correio, o novo documento. Como sabemos, ele ia pessoalmente ao correio, e na semana anterior ao falecimento chegou até a ir ao banco.

Registro tudo isso antes que eu mesmo esqueça rapidamente essas visitas, que sempre me enchiam de emoção. E, embora nas últimas ocasiões ele continuasse em perfeito estado de saúde e de lucidez mental, meu medo era de que não houvesse mais uma nova visita.

Vendo os familiares e os amigos em volta, por ocasião do velório e da despedida final no cemitério Horto da Paz, percebi que éramos todos seres reais. Mas que Antonio Candido pairava em outra esfera, a da transcendência. Um modelo a ser admirado incondicionalmente, mas impossível de ser imitado. Como disse a filha Ana Luisa Escorel, ele foi feito de um barro diferente do da gente. E como observara Laura de Mello e Souza, a segunda das três filhas, o mundo continua, mas um mundo foi embora.

O OSWALD DE ANDRADE QUE EU CONHECI

Antonio Candido

A biografia e a obra de Oswald de Andrade estão hoje ao alcance dos interessados, mas há certos aspectos ligados ao seu modo de ser conhecidos apenas pelos que conviveram com ele, como é o meu caso. É desses aspectos que farei sobretudo.
Eu não o conheci no apogeu da carreira, isto é, nos anos de 1920. Sou vinte e oito anos mais moço e fui apresentado a ele em 1940 por Paulo Emilio Salles Gomes, seu amigo desde 1935. Em 1943 escrevi a seu respeito uns artigos que o desagradaram, ele me atacou num texto duro e ficamos frios até 1945, quando começou a nossa amizade. Nove anos depois morreu.
Há escritpres cuja vida é importante para conhecer a obra, como Castro Alves. Outros não, como Machado de Assis. Em alguns a vida acaba devorando a obra, como se deu com Byron. E há o caso raro dos que dão expressamente mais importância à vida do que aos escritos, como Oscar Wilde, que desejou fazer da sua obra uma obra de arte válida por si mesma. Certa vez escreveu: "Pus todo o meu gênio na minha vida; na minha obra pus apenas o meu talento". Sem pensar assim (longe disso), Oswald de Andrade tinha um pouco desse pendor, e talvez uma das suas invenções tenha sido ele proprio. Nesse depoimento tentarei sugerir certos traços da sua personalidade humana e literária e da possível interferência delas no destino da sua obra.
Uma primeira conclusão possível é que o rumor causado pela sua personalidade talvez tenha atrapalhado o conhecimento da obra. Sem falar que, como foi um grande ativitas intelectual, uma figura dinâimica na implantação e na difusão do Modernismo bralileiro, com-

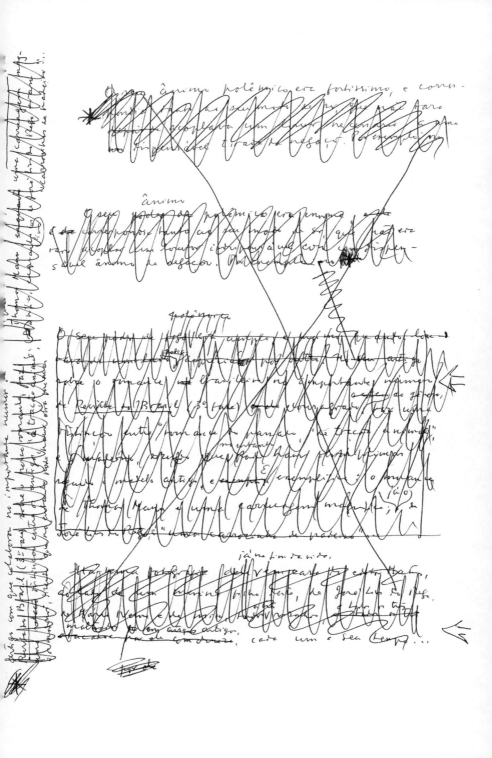

LEMBRANDO OSWALD DE ANDRADE*

ANTONIO CANDIDO

A BIOGRAFIA DE OSWALD DE ANDRADE está hoje à disposição dos interessados, mas há certos aspectos ligados ao seu modo de ser conhecidos apenas pelos que conviveram com ele, como é o meu caso. Falarei sobretudo a respeito destes.

Não o conheci no apogeu da carreira, nos anos de 1920. Sou 28 anos mais moço e fui apresentado a ele em 1940, tendo ido algumas vezes à sua casa nesse ano e no seguinte. Em 1943, escrevi a seu respeito uns artigos que o desagradaram pelas restrições que eu fazia. Ele reagiu com um texto agressivo e ficamos frios até 1945, quando começou a nossa amizade. Ele morreu nove anos depois, e hoje está aqui falando dele um daqueles rapazes que ele apelidou de "chato-boys"...

Há escritores cuja vida é importante para conhecer a obra, como Castro Alves. As de outros não são, como a de Machado de Assis. Em alguns, a vida acaba devorando a obra, como Byron. E há o caso raro dos que dão mais importância à sua própria vida do que aos escritos, como Oscar Wilde, que desejou fazer dela uma obra de arte válida por si mesma. Certa vez escreveu: "Pus todo o meu gênio em minha vida; na minha obra pus apenas o meu talento". Sem pensar assim, Oswald de Andrade tinha um pouco disso, pois viveu como se estivesse construindo um personagem literá-

---

* Texto de palestra cuja data e ocasião não foram especificadas. (N. C.)

rio, e talvez uma das suas grandes invenções tenha sido ele próprio. Neste depoimento, vou tentar sugerir certos traços da sua personalidade humana e literária, bem como da possível interferência delas em seus escritos.

Uma primeira conclusão possível é que o rumor causado por sua personalidade talvez tenha atrapalhado o conhecimento adequado deles. Sem falar que foi um grande ativista intelectual, uma figura dinâmica na implantação e na difusão do Modernismo brasileiro, comportando-se frequentemente ao avesso da rotina, talvez dispersando em atos e palavras muito do que teria sido possível reduzir a texto. E, ao mesmo tempo, suscitou a formação de lendas deformantes, com atribuição de coisas que nunca fez ou disse. Por exemplo: que se casou dez vezes; que raptou uma aluna da Escola Normal em plena luz do dia; que tinha um filho chamado, segundo uns, Lança Perfume Rodo Metálico, e, segundo outros, Rolando pela Escada Abaixo.

Não espanta, portanto, que tenha havido atribuições falsas a ele de ditos e conceitos, porque a sua atividade verbal era singular e prodigiosa, de uma inventividade linguística que fazia deslizar a visão do público para o domínio da lenda. A sua presença de espírito era incrível e lhe permitiu ser um polemista incomparável, jorrando sarcasmo e alegria demolidora. Conto um caso que aconteceu comigo ali por 1958.

Ele tencionava concorrer a uma cadeira de Filosofia na USP e eu procurei dissuadi-lo, porque não tinha formação específica e porque um examinador poderia confundi-lo usando a terminologia complicada em voga naquela altura. Ele me intimou a formular uma pergunta desse tipo e eu, alegando não entender do assunto, disse por brincadeira que ele teria problemas para responder a indagações pedantes do tipo seguinte: "Qual é a impostação hodierna da problemática ontológica?". E ele, sem pestanejar: "Está V. Excia. muito atrasado, porque, em nossa era de devoração universal, a problemática não é ontológica, é odontológica"...

Essa presença de espírito, esse sarcasmo pronto e o ânimo combativo fizeram dele um mestre do jornalismo, gênero beneficiado pelo poder de síntese, a rapidez do raciocínio e do golpe de vista sobre a realidade, coroados, no seu caso, pela força da invenção verbal. Por isso a sua produção jornalística foi sempre de alta qualidade, frequentemente do mesmo nível que a sua narrativa, a sua poesia ou o seu teatro, como deixou claro um estudo precursor de Vera Chalmers, há cerca de quarenta anos. Guardemos a ideia de que a sua personalidade esfuziante e a sua capacidade de invenção verbal absorveram muito da atenção dos leitores em detrimento de interesse mais discriminado pela obra.

Mas o fato de ter chamado a atenção mais como agitador de ideias não foi o único responsável pelo conhecimento limitado desta no seu tempo. Houve outros fatores, a começar pela dificuldade que havia de obter os seus livros, como, aliás, os dos outros modernistas. Frequentemente estes custeavam as edições, sempre de pequena tiragem, sobretudo quando se tratava de poesia. Exemplo: em toda a minha vida, só vi uma vez a primeira edição de *Serafim Ponte Grande* à venda. Foi em 1934, numa livraria de Poços de Caldas, onde eu morava, e estava no quarto ano ginasial. Quando fiquei amigo de Oswald, pedi que me arranjasse um exemplar, pois eu tinha lido o de Décio de Almeida Prado. Ele disse que devia ter alguns no seu apartamento do Rio de Janeiro e ia ver. De fato, tempos depois me deu. Se não me engano, a edição foi de quinhentos exemplares impressos à sua custa.

Outro fator, menos importante, mas real, que também deve ter contribuído para atrapalhar a difusão e portanto o conhecimento da obra, foi a sua extrema suscetibilidade em relação às críticas. Não admitia restrições e reagia sempre com falas ou artigos violentos que agrediam o crítico, e isso podia desencorajá-los. Daí talvez haver pouca coisa sobre os seus livros nos anos de 1920 e 1930.

Jovem crítico, eu estranhava esse silêncio a respeito de um dos escritores mais importantes do nosso tempo. Por isso, quando saiu em 1943 o seu livro muito esperado *A revolução melancólica*, planejado como o primeiro da série intitulada *Marco zero*, escrevi a respeito, falando também da sua obra ficcional anterior, com restrições que o irritaram e o levaram a escrever contra mim um artigo cujo teor violento atenuou um pouco ao reproduzi-lo em seu livro *Ponta de lança*. Mas vendo que eu continuava a escrever sobre ele com serenidade, tornou-se meu amigo, dizendo inclusive que dali por diante eu poderia escrever o que quisesse a seu respeito, pró ou contra. E amigos ficamos sem nuvem até sua morte nove anos depois, em 1954. Mas mesmo quando ainda estávamos distantes, escreveu numa das suas crônicas: "Reconciliei-me com o sr. Antonio Candido", porque eu tinha dito alguma coisa, não sobre ele, que lhe pareceu válida. Quer dizer que para ele os valores literários estavam acima das dissensões, sendo capaz de aplaudir um desafeto. Se era impulsivo, passional, capaz de ser injusto até a crueldade, não era mesquinho e tinha um fundo generoso que podia predominar. Por exemplo: escreveu e disse coisas duras e achincalhantes sobre Cassiano Ricardo, mas isso não o impediu de dizer que era um grande poeta.

No ataque podia ser terrível, chegando a mencionar como arma de depreciação a cor, a origem estrangeira, o defeito físico; e como atacava com muito humor e uma criatividade verbal incrível, feria fundo. Para não mencionar casos de extrema dureza, dou um exemplo ameno, que serve para mostrar um dos seus dons literários mais eficientes, que se poderia denominar "expressão condensada", isto é, carregada de mais significados do que parecia à primeira vista, de modo a produzir uma caracterização mais ampla que estourava como bomba.

Por ocasião do II Congresso Brasileiro de Escritores, realizado em Belo Horizonte em 1947, ele não foi incluído na delegação paulista e ficou indignado, atribuindo isso ao secretário-geral da seção local da Associação Brasileira de Escritores (ABDE), Mário Neme, que era por assim dizer o motor da associação. Oswald passou então a dizer e escrever coisas duras contra ele, chamando-o "Grão-Turco de Piracicaba". À primeira vista, parece tratar-se apenas de preconceito corrente contra um neobrasileiro, pois Mário era filho de libaneses, aos quais a qualificação de "turco" desagradava com razão, pois o seu país de origem era uma dependência oprimida do Império Otomano, cujo passaporte traziam. Além disso, sendo piracicabano, seria um caipira, atrasado, marcado pelo velho sotaque paulista, ainda muito vivo naquela época em sua cidade. Mas por que Grão-Turco? Aí estava embutido de maneira sutil o bote final: esse era o título que antes designava o sultão da Turquia, a cujo mando se atribuía um arbítrio absoluto e prepotente. Com isso Oswald insinuava que Mário era um tiranete que mandava e desmandava na ABDE paulista, ao ponto de poder excluí-lo da delegação. Esse exemplo serve para indicar a imaginação verbal que dá tanto destaque ao seu estilo condensado ao extremo.

Mas é curioso que nesse homem suscetível, que se tornava facilmente injusto e arrasava o próximo com expressões ferinas e brilhantes, havia uma espécie de candura, que se combinava de maneira paradoxal com a agressividade, manifestando-se inclusive pela necessidade intensa de convívio, pelo desejo de estar nas festas, nos congressos, de entrar em contato com visitantes estrangeiros, de participar de certames, com o grande amor pela vida literária que era um dos seus sentimentos fortes. Essa candura talvez explique um fato para o qual seu filho Rudá chamou a atenção numa entrevista, a saber: frequentemente as pessoas que ele agredia, ou não brigavam com ele, ou com ele se reconciliavam em seguida. Provavelmente porque era desprovido de rancor e podia tornar a querer bem e admirar quem tinha atacado com dureza.

No entanto, houve um caso crucial em que isso não se verificou e foi um cravo em sua vida, porque para ele era o mais importante: o de Mário de Andrade. Foram amigos e ele empurrou Mário para a aventura modernista, mas acabaram brigando. Ele vivia dizendo coisas sarcásticas e desagradáveis sobre o ex-amigo, que, não obstante, sempre admirou, tentando por vários meios e em diversos momentos fazer as pazes; mas Mário, que também sempre o admirou, timbrava em não dar entrada. Oswald nunca deixou de afirmar a eminência intelectual de Mário nem de ressaltar o seu papel decisivo no Modernismo, cuja obra central, segundo me disse uma vez, era *Macunaíma*, que, acrescentou, gostaria de ter escrito; e quando Mário morreu, ficou literalmente desesperado, como me contou sua mulher, Maria Antonieta d'Alkmin. De outro lado, não faltou a colaboração da lenda na elaboração de inverdades sobre as relações entre ambos depois da ruptura. Exemplo: não faz muito tempo um intelectual responsável me informou que, quando foi inaugurado o busto de Mário de Andrade, Oswald pichou o pedestal com expressões injuriosas de baixo teor. Ora, eu estava presente, como também Oswald, comovido e respeitoso. Terminada a cerimônia, foi abraçar o irmão de Mário, Carlos de Moraes Andrade, que fora seu colega num curso de Filosofia. Assim se torcem ou se inventam as coisas.

A intransigência de Mário foi excepcional nas brigas de Oswald, pois em geral a sua simpatia e candura, tendo por alicerce a falta de rancor, acabavam por prevalecer, e nesse sentido menciono um caso que serve para destacar a sua necessidade quase infantil de participar de eventos, estar presente, conhecer artistas estrangeiros, mergulhar na vida literária com o prazer de quem nela encontra o meio natural. Foi o caso que esteve aqui, na altura de 1950 (se me lembro bem), o poeta inglês Stephen Spender, ao qual foi dada uma recepção organizada, segundo parece, pela escritora Helena Silveira, casada com o também escritor Jamil Almansur Haddad, ambos amigos de Oswald. Não tendo sido convidado, este achou que a omissão do convite era devida a ela e, tomado por uma daquelas fúrias que a decepção costumava causar nele, passou a publicar coisas achincalhantes sobre o casal, com o espírito aguçado e demolidor no qual era mestre e arrasava pelo ridículo. Jamil reagiu com um dos artigos mais violentos que li na imprensa de São Paulo, de uma brutalidade cortante e arrasadora. É claro que ficaram inimigos.

Pois bem: quando, dali a poucos anos, Oswald piorou, num processo que terminaria pela morte, o casal acorreu à sua casa e Helena atuou como verdadeiro anjo da guarda, arranjando o médico que o operou, providenciando condições materiais favoráveis à hospitalização, dando uma assistência afetuosa e constante. No enterro, lá estava o casal, como estava Menotti Del Picchia, que Oswald atacara durante anos e no entanto discursou à beira do túmulo. Quer dizer que, naquele homem desabrido e frequentemente injusto, os agredidos sentiam que havia também um ser generoso, fácil de comover, esquecendo com facilidade os ataques dos outros e os seus próprios. Oswald era de fato uma personalidade contraditória e móvel.

Por estas e por outras, eu sempre disse que um dos seus traços básicos era a mobilidade, mas é preciso qualificar esse ponto de vista. De fato, a sua mobilidade podia ser máxima e mesmo contraditória até o limite da incoerência quanto às *opiniões*, mas quanto às *ideias* havia nele muita constância. Digamos que no varejo ele podia ir e vir ao sabor dos impulsos, mas no atacado sempre manifestou coerência, sem prejuízo das modificações trazidas pela experiência e a reflexão. Havia nele uma espécie de inconformismo básico que animou a sua ação de militante intelectual e político, desde o vago anarquismo boêmio da mocidade até as concepções finais de utopias redentoras, sempre como homem pronto ao contra, inimigo da rotina, querendo demolir a fim de reconstruir. Assim foi que passou pela devoração ritual dos valores que há na Antropofagia, pelo comunismo stalinista, o socialismo liberado, o permanente sonho igualitário animado pela revisão do papel da mulher na sociedade.

No mais, vale a pena terminar dizendo que o homem eventualmente truculento e desabrido coexistia nele com um outro cortês e hospitaleiro, ansioso por afeto e companhia, precisando muito de apoio e reconhecimento, talvez até um pouco ingênuo nas ilusões a respeito dos outros. Por isso eu quis falar dele com simplicidade e alegria, porque ele fez da alegria um dos instrumentos principais da sua ação e da sua reflexão.

Leituras recomendadas

ANDRADE, Oswald de. *O perfeito cozinheiro das almas deste mundo... Diário coletivo da garçonnière de Oswald de Andrade* — São Paulo, *1918*. Ed. fac-sim. São Paulo: Ex-Libris, 1987.

BOAVENTURA, Maria Eugenia. *O salão e a selva: Uma biografia ilustrada de Oswald de Andrade*. São Paulo: Ex-Libris; Campinas: Editora da Unicamp, 1995.

CANDIDO, Antonio. "Digressão sentimental sobre Oswald de Andrade". In: _____. *Vários escritos*. 5. ed. corr. pelo autor. Rio de Janeiro: Ouro sobre Azul, 2011, pp. 33-61.

_____."Estouro e libertação". In: _____. *Brigada ligeira*. 3. ed. rev. pelo autor. Rio de Janeiro: Ouro sobre Azul, 2004, pp. 11-27.

_____. "Oswald, viajante". In: _____. *O observador literário*. 3. ed. rev. e ampl. pelo autor. Rio de Janeiro: Ouro sobre Azul, 2004, pp. 97-101.

_____. "Oswaldo, Oswáld, Ôswald". In: _____. *Recortes*. 3. ed. rev. pelo autor. Rio de Janeiro: Ouro sobre Azul, 2004, pp. 48-51.

FONSECA, Maria Augusta. *Oswald de Andrade (1890-1954): biografia*. 2. ed. São Paulo: Globo, 2007.

PIGNATARI, Décio. "Tempo: invenção e inversão". In: ANDRADE, Oswald de. *Um homem sem profissão. Memórias e confissões. Sob as ordens de mamãe*. 2. ed. São Paulo: Globo, 2002, pp. 23-27.

Cronologia

1890 Nasce José Oswald de Souza Andrade, no dia 11 de janeiro, na cidade de São Paulo, filho de José Oswald Nogueira de Andrade e de Inês Henriqueta de Souza Andrade. Na linhagem materna, descende de uma das famílias fundadoras do Pará, estabelecida no porto de Óbidos. É sobrinho do jurista e escritor Herculano Marques Inglês de Souza. Pelo lado paterno, ligava-se a uma família de fazendeiros mineiros de Baependi. Passou a primeira infância em uma casa confortável na rua Barão de Itapetininga.

1900 Tendo iniciado seus estudos com professores particulares, ingressa no ensino público na Escola Modelo Caetano de Campos.

1902 Cursa o Ginásio Nossa Senhora do Carmo.

1905 Frequenta o Colégio de São Bento, tradicional instituição de ensino religioso, onde se torna amigo de Guilherme de Almeida. Conhece o poeta Ricardo Gonçalves.

1908 Conclui o ciclo escolar no Colégio de São Bento.

1909 Ingressa na Faculdade de Direito do Largo de São Francisco. Inicia profissionalmente no jornalismo, escrevendo para o *Diário Popular*. Estreia com o pseudônimo Joswald, nos dias 13 e 14 de abril, quando saem os dois artigos intitulados "Penando — De São Paulo a Curitiba" em que trata da viagem de seis dias do presidente Afonso Pena ao estado do Paraná. Conhece Washington Luís, membro da comitiva oficial e futuro presidente, de quem se tornaria amigo íntimo. Trabalha também como redator da coluna "Teatros e Salões" no mesmo jornal. Monta um ateliê de pintura com Osvaldo Pinheiro.

1911 Faz viagens frequentes ao Rio de Janeiro, onde participa da vida boêmia dos escritores. Conhece o poeta Emílio de Meneses. Deixa o *Diário Popular*. Em 12 de agosto, lança, com Voltolino, Dolor Brito Franco e Antônio Define, o semanário *O Pirralho*, no qual usa o pseudônimo Annibale Scipione para assinar a seção "As Cartas d'Abaixo Pigues". No final do ano, interrompe os estudos na Faculdade de Direito e arrenda a revista a Paulo Setúbal e Babi de Andrade no intuito de realizar sua primeira viagem à Europa.

1912 Embarca no porto de Santos, no dia 11 de fevereiro, rumo ao continente europeu. A bordo do navio *Martha Washington*, fica entusiasmado com Carmen Lydia, nome artístico da menina Landa Kosbach, de treze anos, que viaja para uma temporada de estudos de balé no teatro Scala de Milão. Visita a Itália, a Alemanha, a Bélgica, a Inglaterra, a Espanha e a França. Trabalha como correspondente do matutino *Correio da Manhã*. Em Paris, conhece sua primeira esposa, Henriette Denise Boufflers (Kamiá), com quem retorna ao Brasil em 13 de setembro a bordo do navio *Oceania*. Não revê a mãe, falecida no dia 6 de setembro. Tem sua primeira experiência poética ao escrever "O último passeio de um tuberculoso, pela cidade, de bonde" e rasgá-lo em seguida.

1913 Frequenta as reuniões artísticas da Villa Kyrial, palacete do senador Freitas Vale. Conhece o pintor Lasar Segall que, recém-chegado ao país, expõe pela primeira vez em Campinas e São Paulo. Escreve o drama *A recusa*.

1914 Em 14 de janeiro, nasce José Oswald Antônio de Andrade (Nonê), seu filho com a francesa Kamiá. Acompanha as aulas do programa de bacharelado em ciências e letras do Mosteiro de São Bento.

1915 Publica, em 2 de janeiro, na seção "Lanterna Mágica" de *O Pirralho*, o artigo "Em prol de uma pintura nacional". Junto com os colegas da redação, cultiva uma vida social intensa, tendo ainda como amigos Guilherme de Almeida, Amadeu Amaral, Júlio de Mesquita Filho, Vicente Rao e Pedro Rodrigues de Almeida. Vai com frequência ao Rio de Janeiro, onde participa da vida boêmia ao lado dos escritores Emílio de Meneses, Olegário Mariano, João do Rio e Elói Pontes. Mantém uma relação íntima com a jovem Carmen Lydia, cuja carreira estimula, financiando seus estudos de aperfeiçoamento e introduzindo-a nos meios artísticos. Com apoio de *O Pirralho*, realiza um festival no salão do Conservatório Dramático e Musical, em homenagem a Emílio de Meneses, em 4 de setembro.

1916 Inspirado no envolvimento amoroso com Carmen Lydia, escreve, em parceria com Guilherme de Almeida, a peça *Mon Coeur balance*, cujo primeiro ato é divulgado em *A Cigarra*, de 19 de janeiro. Também em francês, assina, com Guilherme de Almeida, a peça *Leur Âme*, reproduzida em parte na revista *A Vida Moderna*, em maio e dezembro. Ambas foram reunidas no volume *Théâtre Brésilien*, lançado pela Typographie Ashbahr, com projeto gráfico do artista Wasth Rodrigues. Em dezembro, a atriz francesa Suzanne Desprès e seu cônjuge Lugné-Poe fizeram a leitura dramática de um ato de *Leur Âme* no Theatro Municipal de São Paulo. Oswald volta a frequentar a Faculdade de Direito e trabalha como redator do diário *O Jornal*. Faz viagens constantes ao Rio de Janeiro, onde Carmen Lydia vive sob a tutela da avó. Lá conhece a dançarina Isadora Duncan, em turnê pela América do Sul, e a acompanha nos passeios turísticos durante a temporada paulistana. Assina como Oswald de Andrade os trechos do futuro romance *Memórias sentimentais de João Miramar*, publicados em 17 e 31 de agosto em *A Cigarra*. Publica trechos também em *O Pirralho* e *A Vida Moderna*. Assume a função de redator da edição paulistana do *Jornal do Commercio*. Escreve o drama *O filho do sonho*.

1917 Conhece o escritor Mário de Andrade e o pintor Di Cavalcanti. Forma com eles e com Guilherme de Almeida e Ribeiro Couto o primeiro grupo modernista. Aluga uma garçonnière na rua Líbero Badaró, nº 67.

1918 Publica no *Jornal do Commercio*, em 11 de janeiro, o artigo "A exposição Anita Malfatti", no qual defende as tendências da arte expressionista, em resposta à crítica "Paranoia ou mistificação", de Monteiro Lobato, publicada em 20 de dezembro de 1917 em *O Estado de S. Paulo*. Em fevereiro, *O Pirralho* deixa de circular. Cria, a partir de 30 de maio, o "Diário da Garçonnière", também intitulado *O perfeito cozinheiro das almas* *deste mundo*. Os amigos mais assíduos, Guilherme de Almeida, Léo Vaz, Monteiro Lobato, Pedro Rodrigues de Almeida, Ignácio da Costa Ferreira e Edmundo Amaral, participam do diário coletivo que registra ainda a presença marcante da normalista Maria de Lourdes Castro Dolzani, conhecida como Deisi, Daisy e Miss Cyclone. As anotações, datadas até 12 de setembro, revelam seu romance com Daisy, que por motivos de saúde foi obrigada a voltar para a casa da família, em Cravinhos.

1919 Perde o pai em fevereiro. Ajuda Daisy a se estabelecer em São Paulo. Publica, na edição de maio da revista dos estudantes da Faculdade de Direito, *O Onze de Agosto*, "Três capítulos" (Barcelona — 14 de julho em Paris — Os cinco dominós) do romance em confecção *Memórias sentimentais de João Miramar*. No dia 15 de agosto, casa-se in extremis com Daisy, hospitalizada devido a um aborto malsucedido, tendo como padrinhos Guilherme de Almeida, Vicente Rao e a mãe dela. No dia 24 de agosto, Daisy morre, aos dezenove anos, e é sepultada no jazigo da família Andrade no cemitério da Consolação. Conclui o bacharelado em direito sendo escolhido o orador do Centro Acadêmico XI de agosto.

1920 Trabalha como editor da revista *Papel e Tinta*, lançada em maio e publicada até fevereiro de 1921. Assina Marques D'Olz e escreve, com Menotti Del Picchia, o editorial da revista, que contou com a colaboração de Mário de Andrade, Monteiro Lobato e Guilherme de Almeida, entre outros. Conhece o escultor Victor Brecheret, na ocasião trabalhando na maquete do *Monumento às bandeiras*, em comemoração ao Centenário da Independência, a se realizar em 1922. Encomenda-lhe um busto de Daisy, a falecida Miss Cyclone.

1921 No dia 27 de maio, apresenta no *Correio Paulistano* a poesia de Mário de Andrade com o artigo "O meu poeta futurista". Cria polêmica com o próprio amigo, que lhe responde no dia 6 de junho com uma indagação, "Futurista?", a qual tem por réplica o artigo "Literatura contemporânea", de 12 de junho. No mesmo diário, publica trechos inéditos de *A trilogia do exílio II* e *III*, acompanhados de uma coluna elogiosa de Menotti Del Picchia. Em busca de adesões ao modernismo, viaja com outros escritores ao Rio de Janeiro, onde se encontra com Ribeiro Couto, Ronald de Carvalho, Manuel Bandeira e Sérgio Buarque de Holanda.

1922 Participa ativamente da Semana de Arte Moderna, realizada de 13 a 17 de fevereiro no Theatro Municipal de São Paulo, quando lê fragmentos inéditos de *Os condenados* e *A estrela de absinto* (volumes I e II de *A trilogia do exílio*). Integra o grupo da revista modernista *Klaxon*, lançada em maio. Divulga, no quinto número da revista, uma passagem inédita de *A estrela de absinto*. Publica *Os condenados*, com capa de Anita Malfatti, pela casa editorial de Monteiro Lobato. Forma, com Mário de Andrade, Anita Malfatti, Tarsila do Amaral e Menotti Del Picchia, o chamado "grupo dos cinco". Viaja para a Europa no mês de dezembro pelo navio da Compagnie de Navigation Sud-Atlantique.

1923 Ganha na Justiça a custódia do filho Nonê, que viaja com ele à Europa e ingressa no Lycée Jaccard, em Lausanne, na Suíça. Durante os meses de janeiro e fevereiro, passeia com Tarsila pela Espanha e Portugal. A partir de março, instala-se em Paris, de onde envia artigos sobre os ambientes intelectuais da época para o *Correio Paulistano*. Trava contatos com a vanguarda francesa, conhecendo, em maio, o poeta Blaise Cendrars. Profere uma conferência na Sorbonne intitulada "L'Effort intellectuel du Brésil contemporain", traduzida e divulgada pela *Revista do Brasil*, em dezembro.

1924 Recebe, no início de fevereiro, o amigo Blaise Cendrars, que conhecera em Paris. Escreve um texto elogioso sobre ele no *Correio Paulistano*. Leva-o para assistir ao Carnaval do Rio de Janeiro. Em 18 de março, publica, na seção "Letras & Artes" do *Correio da Manhã*, o "Manifesto da Poesia Pau Brasil", reproduzido pela *Revista do Brasil* nº 100, em abril. Na companhia de Blaise Cendrars, Mário de Andrade, Tarsila do Amaral, Paulo Prado, Goffredo da Silva Telles e René Thiollier, forma a chamada caravana modernista, que excursiona pelas cidades históricas de Minas Gerais, durante a Semana Santa, realizando a "descoberta do Brasil". Dedica a Paulo Prado e a Tarsila seu livro *Memórias sentimentais de João Miramar*, lançado pela Editora Independência, com capa de Tarsila. Faz uma leitura de trechos inéditos do romance *Serafim Ponte Grande* na residência de Paulo Prado. Participa do v Ciclo de Conferências da Villa Kyrial, expondo suas impressões sobre as realizações intelectuais francesas. Publica poemas de *Pau Brasil* na *Revista do Brasil* de outubro. Viaja novamente à Europa a bordo do *Massília*, estando em novembro na Espanha. Instala-se em Paris com Tarsila.

1925 Visita o filho Nonê, que estuda na Suíça. Retorna ao Brasil em maio. Sai o livro de poemas *Pau Brasil*, editado com apoio de Blaise Cendrars pela editora francesa Au Sans Pareil, com ilustrações de Tarsila do Amaral e um prefácio de Paulo Prado. Publica em *O Jornal* o rodapé "A poesia Pau Brasil", no qual responde ao ataque feito pelo crítico Tristão de Ataíde no mesmo matutino, nos dias 28 de junho e 5 de julho, sob o título "Literatura suicida". No dia 15 de outubro, divulga em carta aberta sua candidatura à Academia Brasileira de Letras para a vaga de Alberto Faria, mas não chega a regularizar a inscrição. Oficializa o noivado com Tarsila do Amaral em novembro. O casal parte rumo à Europa, em dezembro. Na passagem do ano, visitam Blaise Cendrars em sua casa de campo, em Tremblay-sur-Mauldre.

1926 Segue com Nonê, Tarsila do Amaral e sua filha Dulce para uma excursão ao Oriente Médio, a bordo do navio *Lotus*. Publica, na revista modernista *Terra Roxa e Outras Terras*, de 3 de fevereiro, o prefácio "Lettre-Océan" ao livro *Pathé-baby*, de António de Alcântara Machado. Em maio, vai a Roma para uma audiência com o papa, na tentativa de obter a anulação do primeiro casamento de Tarsila. Em Paris, auxilia a pintora nos preparativos de sua exposição. Dá início à coluna "Feira das Quintas", no *Jornal do Commercio*, que até 5 de maio do ano seguinte será assinada por João Miramar. Casa-se com Tarsila do Amaral em 30 de outubro, tendo como padrinhos o amigo e já presidente da República Washington Luís e d. Olívia Guedes Penteado. Encontra-se, em outubro, com os fundadores da revista *Verde*, em Cataguases, Minas Gerais. Divulga, na *Revista do Brasil* (2ª fase), de 30 de novembro, o primeiro prefácio ao futuro livro *Serafim Ponte Grande*, intitulado "Objeto e fim da presente obra".

1927 Publica *A estrela de absinto*, segundo volume de *A trilogia do exílio*, com capa de Victor Brecheret, pela Editorial Hélios. A partir de 31 de março, escreve, no *Jornal do Commercio*, crônicas de ataque a Plínio Salgado e Menotti Del Picchia, estabelecendo as divergências com o grupo Verde-Amarelo que levaram à cisão entre os modernistas de 1922. Custeia a publicação do livro de poemas *Primeiro caderno do aluno de poesia Oswald de Andrade*, com capa de Tarsila do Amaral e ilustrações próprias. Volta a Paris, onde permanece de junho a agosto para a segunda exposição individual de Tarsila. Recebe menção honrosa pelo romance *A estrela de absinto* no concurso promovido pela Academia Brasileira de Letras.

1928 Como presente de aniversário, recebe de Tarsila um quadro ao qual resolvem chamar *Abaporu* (em língua tupi, "aquele que come"). Redige e faz uma leitura do "Manifesto Antropófago" na casa de Mário de Andrade. Funda, com os amigos Raul Bopp e António de Alcântara Machado, a *Revista de Antropofagia*, cuja "primeira dentição" é editada de maio de 1928 a fevereiro de 1929.

1929 Lança, em 17 de março, a "segunda dentição" da *Revista de Antropofagia*, dessa vez veiculada pelo *Diário de S. Paulo* até 1º de agosto, sem a participação dos antigos colaboradores, os quais a revista passa a criticar. Com o apoio da publicação, presta uma homenagem ao palhaço Piolim no dia 27 de março, Quarta-Feira de Cinzas, oferecendo-lhe um almoço denominado "banquete de devoração". Ao longo do ano, rompe com os amigos Mário de Andrade, Paulo Prado e António de Alcântara Machado. Em outubro, sofre os efeitos da queda da bolsa de valores de Nova York. Recebe, na fazenda Santa Tereza do Alto, a visita de Le Corbusier, Josephine Baker e Hermann von Keyserling. Mantém uma relação amorosa com Patrícia Galvão, a Pagu, com quem escreve o diário "O romance da época anarquista, ou Livro das horas de Pagu que são minhas — o romance romântico — 1929-1931". Viaja para encontrar-se com ela na Bahia. Ao regressar, desfaz seu matrimônio com Tarsila, prima de Waldemar Belisário, com quem Pagu havia recentemente forjado um casamento.

1930 No dia 5 de janeiro, firma um compromisso verbal de casamento com Pagu junto ao jazigo da família Andrade, no cemitério da Consolação. Depois registra a união em uma foto oficial dos noivos, diante da

Igreja da Penha. Viaja ao Rio de Janeiro para assistir à posse de Guilherme de Almeida na Academia Brasileira de Letras e é detido pela polícia devido a uma denúncia sobre sua intenção de agredir o ex-amigo e poeta Olegário Mariano. Nasce seu filho com Pagu, Rudá Poronominare Galvão de Andrade, no dia 25 de setembro.

1931 Viaja ao Uruguai, onde conhece Luís Carlos Prestes, exilado em Montevidéu. Adere ao comunismo. Em 27 de março, lança, com Pagu e Queirós Lima, o jornal *O Homem do Povo*. Participa da Conferência Regional do Partido Comunista no Rio de Janeiro. Em junho, deixa de viver com Pagu.

1933 Publica o romance *Serafim Ponte Grande*, contendo novo prefácio, redigido no ano anterior, após a Revolução Constitucionalista de 9 de julho, em São Paulo. Financia a publicação do romance *Parque industrial*, de Pagu, que assina com o pseudônimo Mara Lobo.

1934 Participa do Clube dos Artistas Modernos. Vive com a pianista Pilar Ferrer. Publica a peça teatral *O homem e o cavalo*, com capa de Nonê. Lança *A escada vermelha*, terceiro volume de *A trilogia do exílio*. Apaixona-se por Julieta Bárbara Guerrini, com quem assina, em dezembro, um "contrato antenupcial" em regime de separação de bens.

1935 Faz parte do grupo que prepara os estatutos do movimento Quarteirão, que se reúne na casa de Flávio de Carvalho para programar atividades artísticas e culturais. Conhece, por meio de Julieta Guerrini, que frequenta o curso de sociologia da USP, os professores Roger Bastide, Giuseppe Ungaretti e Claude Lévi-Strauss, de quem fica amigo. Acompanha Lévi-Strauss em excursão turística às cataratas de Foz do Iguaçu.

1936 Publica, na revista *O XI de Agosto*, o trecho "Página de Natal", que anos mais tarde faria parte de *O beco do escarro*, da série *Marco zero*. Termina a primeira versão de *O santeiro do Mangue*. Casa-se oficialmente com Julieta Bárbara Guerrini, no dia 24 de dezembro, em cerimônia que teve como padrinhos Cásper Libero, Candido Portinari e Clotilde Guerrini, irmã da noiva.

1937 Frequenta a fazenda da família de Julieta Guerrini, em Piracicaba, onde recebe a visita de Jorge Amado. Publica, pela editora José Olympio, um volume reunindo as peças *A morta* e *O Rei da Vela*. Colabora na revista *Problemas*, em 15 de agosto, com o ensaio "País de sobremesa" e, em 15 de setembro, com a sátira "Panorama do fascismo".

1938 Publica na revista *O Cruzeiro*, em 2 de abril, "A vocação", texto que seria incluído no volume *A presença do mar*, quarto título da série *Marco zero*, que não chegou a ser editado. Obtém o registro nº 179 junto ao Sindicato dos Jornalistas de São Paulo. Escreve o ensaio "Análise de dois tipos de ficção", apresentado no mês de julho no Primeiro Congresso Paulista de Psicologia, Neurologia, Psiquiatria, Endocrinologia, Medicina Legal e Criminologia.

1939 Em agosto, parte para a Europa com a esposa Julieta Guerrini a bordo do navio *Alameda*, da Blue Star Line, para representar o Brasil no Congresso do Pen Club que se realizaria na Suécia. Retorna, a bordo do navio cargueiro *Angola*, depois de cancelado o evento devido à guerra. Trabalha para a abertura da filial paulista do jornal carioca *Meio Dia*, do qual se torna representante. Mantém nesse jornal as colunas "Banho de Sol" e "De Literatura". Publica uma série de reportagens sobre personalidades paulistas no *Jornal da Manhã*. Sofre problemas de saúde. Retira-se para a estância de São Pedro a fim de recuperar-se da crise.

1940 Candidata-se à Academia Brasileira de Letras, dessa vez para ocupar a vaga de Luís Guimarães Filho. Escreve uma carta aberta aos imortais, declarando-se um paraquedista contra as candidaturas de Menotti Del Picchia e Manuel Bandeira, que acaba sendo eleito. Como provocação, essa carta, publicada no dia 22 de agosto no Suplemento Literário do jornal *Meio Dia*, veio acompanhada de uma fotografia sua usando uma máscara de proteção contra gases mortíferos.

1941 Relança *A trilogia do exílio* em volume único, com o título *Os condenados*, e os romances agora intitulados *Alma*, *A estrela de absinto* e *A escada*, pela editora Livraria do Globo. Encontra-se com Walt Disney, que visita São Paulo. Monta, com o filho Nonê, um escritório de imóveis.

1942 Publica, na *Revista do Brasil* (3ª fase), do mês de março, o texto "Sombra amarela", dedicado a Orson Welles, de seu futuro romance *Marco zero*. Participa do VII Salão do Sindicato dos Artistas Plásticos de São Paulo. Julieta Guerrini entra com pedido de separação em 21 de dezembro. Depois de conhecer Maria Antonieta D'Alkmin, dedica-lhe o poema "Cântico dos cânticos para flauta e violão", publicado como suplemento da *Revista Acadêmica* de junho de 1944, com ilustrações de Lasar Segall.

1943 Publica *A revolução melancólica*, primeiro volume de *Marco zero*, com capa de Santa Rosa, pela editora José Olympio. Com esse romance, participa do II Concurso Literário patrocinado pela *Revista do Brasil* e pela Sociedade Felipe de Oliveira. Em junho, casa-se com Maria Antonieta. Inicia, em 16 de julho, a coluna "Feira das Sextas" no *Diário de S. Paulo*. Encontra-se com o escritor argentino Oliverio Girondo, que visita o Brasil com a esposa, Norah Lange. Por ocasião do encerramento da exposição do pintor Carlos Prado, em setembro, profere a conferência "A evolução do retrato".

1944 A partir de 1º de fevereiro, começa a colaborar no jornal carioca *Correio da Manhã*, para o qual escreve a coluna "Telefonema" até o fim da vida. Em maio, viaja a Belo Horizonte a convite do prefeito Juscelino Kubitschek, para participar da Primeira Exposição de Arte Moderna, na qual profere a conferência "O caminho percorrido", mais tarde incluída no volume *Ponta de lança*. Concede uma entrevista a Edgar Cavalheiro, que a publica como "Meu testamento" no livro *Testamento de uma geração*.

1945 Participa do I Congresso Brasileiro de Escritores realizado em janeiro. Viaja a Piracicaba, onde profere a conferência "A lição da Inconfidência" em comemoração ao dia 21 de abril. Em 22 de maio, anuncia o nome de Prestes como candidato à presidência e lança o manifesto da Ala Progressista Brasileira. Publica *Chão*, o segundo volume de *Marco zero*, pela editora José Olympio, e também edita sua reunião de artigos intitulada *Ponta de lança*, pela Martins Editora. Publica, pelas Edições Gaveta, em volume de luxo, com capa de Lasar Segall, *Poesias Reunidas O. Andrade*. É convidado a falar na Biblioteca Municipal de São Paulo, onde pronuncia a conferência "A sátira na literatura brasileira". Discorda da linha política adotada por Prestes e rompe com o Partido Comunista do Brasil, expondo suas razões em uma entrevista publicada em 23 de setembro no *Diário de S. Paulo*. Publica a tese *A Arcádia e a Inconfidência*, apresentada em concurso da cadeira de Literatura Brasileira da Universidade de São Paulo. Recebe o poeta Pablo Neruda em visita a São Paulo. Publica o poema "Canto do pracinha só", escrito em agosto, na *Revista Acadêmica* de novembro, mês em que nasce sua filha Antonieta Marília de Oswald de Andrade.

1946 Participa do I Congresso Paulista de Escritores que se reúne em Limeira e presta homenagem póstuma ao escritor Mário de Andrade. Assina contrato com o governo de São Paulo para a realização da obra "O que fizemos em 25 anos", projeto que acaba sendo arquivado. Em outubro, profere a conferência "Informe sobre o modernismo". Em novembro, publica, na *Revista Acadêmica*, o ensaio "Mensagem ao antropófago desconhecido (da França Antártica)".

1947 Publica, na *Revista Acadêmica*, o poema "O escaravelho de ouro", dedicado à filha Antonieta Marília e com data de 15 de abril de 1946. Candidata-se a delegado paulista da Associação Brasileira de Escritores, que realiza congresso em outubro, em Belo Horizonte. Perde a eleição e se desliga da entidade por meio de um protesto dirigido ao presidente da seção estadual, Sérgio Buarque de Holanda.

1948 Em 24 de abril, nasce seu quarto filho, Paulo Marcos Alkmin de Andrade. Nessa época, participa do Primeiro Congresso Paulista de Poesia, no qual discursa criticando a chamada "geração de 1945" e reafirma as conquistas de 1922.

1949 Profere conferência no Centro de Debates Cásper Líbero, no dia 25 de janeiro, intitulada "Civilização e dinheiro". Em abril, faz a apresentação do jornal *Tentativa*, lançado pelo grupo de intelectuais residentes em Atibaia, a quem concede entrevista sobre a situação da literatura. Profere conferência no dia 19 de maio no Museu de Arte Moderna, onde fala sobre "As novas dimensões da poesia". Recebe, em julho, o escritor Albert Camus, que vem ao Brasil para proferir conferências. Oferece--lhe uma "feijoada antropofágica" em sua residência. Inicia, no dia 5 de novembro, a coluna "3 Linhas e 4 Verdades" na *Folha da Manhã*, atual *Folha de S.Paulo*, que manteve até o ano seguinte.

1950 No dia 25 de março, comemora seu 60º aniversário e o Jubileu de *Pau Brasil*; participa do "banquete antropofágico" no Automóvel Club de São Paulo, em sua homenagem. O *Diário de Notícias*, do Rio de Janeiro, publica, no dia 8 de janeiro, o "Autorretrato de Oswald". Em fevereiro, concede entrevista a Mário da Silva Brito, para o *Jornal de Notícias*, intitulada "O poeta Oswald de Andrade perante meio século de literatura brasileira". Em abril, escreve o artigo "Sexagenário não, mas Sex-appeal-genário" para o jornal *A Manhã*. Participa do I Congresso Brasileiro de Filosofia com a comunicação "Um aspecto antropofágico da cultura brasileira, o homem cordial". Publica, pela gráfica Revista dos Tribunais, a tese *A crise da filosofia messiânica*, que pretendia apresentar à Universidade de São Paulo, em um concurso da cadeira de Filosofia, mas não pôde concorrer. Lança-se candidato a deputado federal pelo Partido Republicano Trabalhista com o lema "Pão-teto-roupa-saúde-instrução-liberdade".

1951 Em janeiro, entrega a Cassiano Ricardo um projeto escrito a propósito da reforma de base anunciada por Getúlio Vargas. Propõe a organização de um Departamento Nacional de Cultura. Suas dificuldades financeiras acentuam-se. Consegue negociar um empréstimo junto à Caixa Econômica para conclusão da construção de um edifício. Recebe o filósofo italiano Ernesto Grassi, a quem oferece um churrasco em seu sítio em Ribeirão Pires. No dia 8 de agosto, a *Folha da Manhã* publica seu perfil em artigo intitulado "Traços de identidade".

1952 Em 17 de fevereiro, o suplemento Letras & Artes do jornal carioca *A Manhã* republica o "Manifesto da Poesia Pau Brasil" entre a série de matérias comemorativas dos trinta anos da Semana de Arte Moderna. Faz anotações para um estudo sobre a Antropofagia, escrevendo os ensaios "Os passos incertos do antropófago" e "O antropófago, sua marcha para a técnica, a revolução e o progresso". Passa temporadas no sítio de Ribeirão Pires e em Águas de São Pedro para tratamento de saúde. Em dezembro, escreve "Tratado de Antropofagia"; é internado na Clínica São Vicente, no Rio de Janeiro.

1953 Participa do júri do concurso promovido pelo Salão Letras e Artes Carmen Dolores Barbosa e dirige saudação a José Lins do Rego, premiado com o romance *Cangaceiros*. Passa por nova internação hospitalar no Rio de Janeiro, durante o mês de junho. Publica, a partir de 5 de julho, no caderno Literatura e Arte de *O Estado de S. Paulo*, a série "A marcha das Utopias" e, a partir de setembro, fragmentos "Das 'Memórias'". Recebe proposta para traduzir *Marco zero* para o francês. Em dezembro, sem recursos e necessitando de tratamentos de saúde, tenta vender sua coleção de telas estrangeiras para o Museu de Arte Moderna do Rio de Janeiro, que formava seu acervo, e os quadros nacionais para Niomar Moniz.

1954 A partir de fevereiro, prepara-se para ministrar o curso de Estudos Brasileiros na Universidade de Uppsala, na Suécia. Altera a programação e prepara um curso a ser dado em Genebra. Não realiza a viagem. Em março, é internado no hospital Santa Edwiges e escreve o caderno de reflexões "Livro da convalescença". Em maio, passa por uma cirurgia no Hospital das Clínicas. Profere a conferência "Fazedores da América — de Vespúcio a Matarazzo" na Faculdade de Direito da USP. É homenageado pelo Congresso Internacional de Escritores realizado em São Paulo. É publicado o primeiro volume planejado para a série de memórias, *Um homem sem profissão. Memórias e confissões. 1. 1890-1919. Sob as ordens de mamãe*, com capa de Nonê e prefácio de Antonio Candido, pela José Olympio. Seu reingresso nos quadros da Associação Brasileira de Escritores é aprovado em agosto. Em setembro, é entrevistado pelo programa de Radhá Abramo na TV Record. Em outubro, é novamente internado; falece no dia 22, sendo sepultado no jazigo da família, no cemitério da Consolação.

ESTA OBRA FOI COMPOSTA POR ELISA VON RANDOW, EM SILVA TEXT E IMPRESSA EM OFSETE PELA LIS GRÁFICA SOBRE PAPEL PÓLEN SOFT DA SUZANO S.A. PARA A EDITORA SCHWARCZ EM OUTUBRO DE 2019

A marca FSC® é a garantia de que a madeira utilizada na fabricação do papel deste livro provém de forestas que foram gerenciadas de maneira ambientalmente correta, socialmente justa e economicamente viável, além de outras fontes de origem controlada.